Andrea Hiller

Abwechslungsreiche Diät bei Zöliakie

Die Autorin
Andrea Hiller ist Diätassistentin und hat sich auf das
Gebiet Zöliakie spezialisiert. Sie hält Vorträge und Semina-
re für Ärzte und Patienten und ist auch selbst von dieser
Erkrankung betroffen.

Andrea Hiller

Abwechslungsreiche Diät bei
Zöliakie

Die Deutsche Bibliothek – CIP-Einheitsaufnahme
Ein Titeldatensatz für diese Publikation ist bei
Der Deutschen Bibliothek erhältlich.

Dieses Buch wurde in der neuen deutschen Rechtschreibung verfasst.
Gedruckt auf chlorfrei gebleichtem Papier

Konzeption und Projektleitung: Werner Waldmann
Redaktion: Elisabeth Meyer zu Stieghorst-Kastrup
Fooddesign: René Schulte
Korrektur: Karl Beer, Andrew Leslie
DTP: Dr. Katrin Beyer, Karolina Stuhec-Meglic
Illustrationen: Katharina Schumacher
Umschlaggestaltung: CYCLUS · Visuelle Kommunikation, Stuttgart
Produktion: WZ Media, Stuttgart
Reproduktion: Digital Data Service Lenhard, Stuttgart
Druck: Westermann Druck, Zwickau
Fotos: Cover: Fabian Silberzahn; im Buch: WZ Media

© 2000 Georg Thieme Verlag
Rüdigerstraße 14
D-70469 Stuttgart

ISBN 3-89373-559-3

Leserservice

Wenn Sie Fragen oder Anregungen
zu diesem Buch haben, schreiben Sie uns an:

TRIAS Verlag
Postfach 30 11 07, D-70451 Stuttgart

oder schicken Sie eine E-Mail an:
trias.lektorat@thieme.de

Zöliakie – was ist das?

Zöliakie ist die Bezeichnung für eine Erkrankung des menschlichen Dünndarmes.

Eine der Hauptaufgaben des Dünndarmes besteht in der Übergabe der Nährstoffe aus dem Darm ins Blut (Resorption). Die Länge des menschlichen Dünndarmes beträgt ca. 4 m. Wäre das Dünndarminnere glatt wie ein Gartenschlauch, würde die Gesamtfläche der Dünndarmschleimhaut nicht ausreichen, alle erforderlichen Nährstoffe zu resorbieren. Deshalb ist die innere Oberfläche der Dünndarmschleimhaut durch Faltungen und Ausstülpungen (Zotten) auf ein Vielfaches vergrößert. Ausgebreitet ergäbe sich die Fläche eines Tennisfeldes. So ausgerüstet können Nährstoffe, die wir mit der Nahrung aufnehmen, in genügender Menge aus dem Darm ins Blut gelangen.

Bei Zöliakiebetroffenen werden die Zotten der Dünndarmschleimhaut durch ein bestimmtes Eiweiß aus den Getreidesorten Weizen (einschließlich Dinkel und Grünkern), Roggen, Gerste und Hafer geschädigt. Dieses Eiweiß wird Klebereiweiß oder Gluten genannt. Isst der Betroffene glutenhaltige Lebensmittel, werden die Dünndarmzotten angegriffen und letztlich zerstört. Der Mediziner spricht in diesem Fall von einer Zottenatrophie. Die notwendige Aufnahme von Nährstoffen, Vitaminen und Mineralstoffen ist dann stark eingeschränkt.

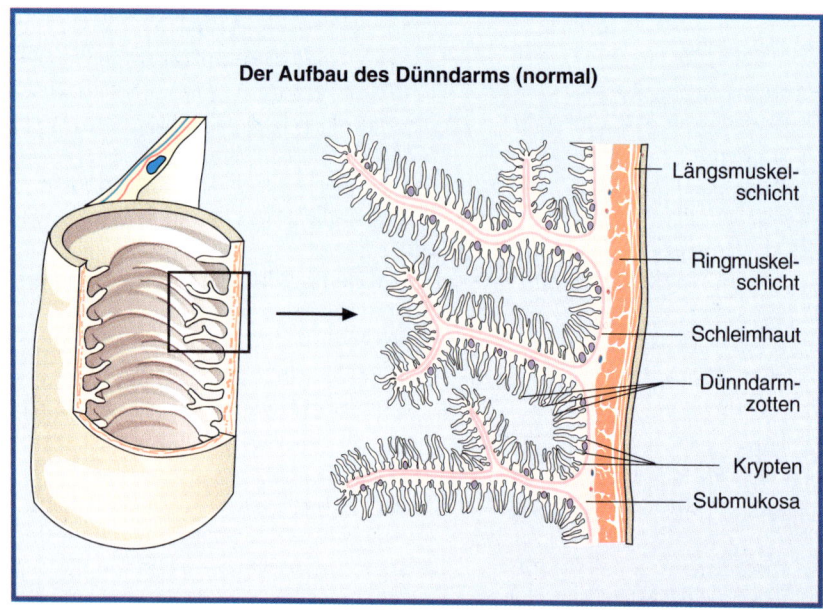

Der Aufbau des Dünndarms (normal)

- Längsmuskelschicht
- Ringmuskelschicht
- Schleimhaut
- Dünndarmzotten
- Krypten
- Submukosa

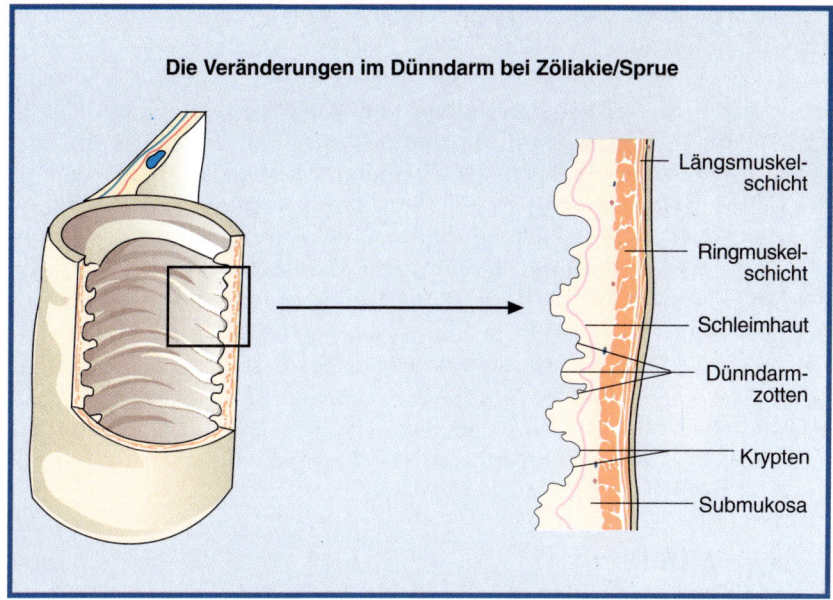

Die Veränderungen im Dünndarm bei Zöliakie/Sprue

- Längsmuskelschicht
- Ringmuskelschicht
- Schleimhaut
- Dünndarmzotten
- Krypten
- Submukosa

Warum gerade die Dünndarmschleimhaut der Zöliakiepatienten so reagiert, weiß man nicht. Die Zöliakie tritt familiengehäuft auf. Eine genetische Veranlagung muss also vorhanden sein, um an Zöliakie zu erkranken. Doch der genaue Weg der Vererbung ist noch nicht bekannt.

Verschiedene Theorien versuchen die Entstehung einer Zöliakie zu erklären, aber keine ist bis jetzt schlüssig bewiesen. Es handelt sich bei der Zöliakie nicht um eine Allergie, obwohl die körpereigene Abwehr bei der Reaktion auf Gluten eine Rolle spielt. Die Zottenatrophie wird durch eine Autoimmunreaktion verursacht.

Zöliakie kann nicht durch falsche Ernährungsgewohnheiten herausgefordert oder verursacht werden. Daher ist Zöliakie auch nicht zu den Zivilisationserkrankungen zu zählen.

Die Häufigkeit der Zöliakie wird in Deutschland mit 1:800 angegeben. Die Dunkelziffer der bis jetzt nicht erkannten Fälle ist aber sehr hoch. Die ersten Symptome der Erkrankung können im Kindesalter, aber auch erst beim Erwachsenen auftreten. Zöliakie im Erwachsenenalter wird auch einheimische Sprue genannt. Weitere Krankheitsbezeichnungen sind: herter-heubnersche Erkrankung, Morbus Herter, gluteninduzierte Enteropathie.

Die Erkrankung zeichnet sich insbesondere beim Erwachsenen durch die unterschiedlichsten Verläufe und Schweregrade aus. Komplikationen und Begleiterscheinungen treten seltener bei Betroffenen auf, die bereits als Kleinkind typische Symptome zeigten, worauf die Zöliakie schnell diagnostiziert und anschließend dauerhaft mit glutenfreier Ernährung behandelt wurde.

Neuere Untersuchungen geben Hinweise darauf, dass wesentlich mehr Menschen glutenempfindlich sind als bisher angenommen. Es wurden für diesen Nachweis bestimmte Antikörper im Blutserum und auch aus der Darmflüssigkeit der Testpersonen gesucht. Da weniger als die Hälfte der untersuchten Menschen typische Anzeichen der Erkrankung aufwiesen und auch bei einigen keine Schädigung der Darmschleimhaut nachgewiesen werden konnte, stellt sich jetzt die Frage, ob es sinnvoll ist, alle Personen mit jenen auffälligen Blutuntersuchungen auf glutenfreie Diät zu setzen, selbst wenn sie beschwerdefrei sind. Die Betroffenen mit typischen Symptomen und klassischen Schädigungen der Darmschleimhaut stellen demnach nur die »Spitze des Eisberges« der glutenempfindlichen Menschen dar. Die Häufigkeit müsste aufgrund dieser Untersuchungen mit 1:300 angegeben werden.

Symptome

Typischerweise treten die ersten Krankheitszeichen beim Kleinkind auf, wenn von glutenfreier Säuglingsnahrung oder Muttermilch auf glutenhaltige Ernährung (Grießbrei, Zwieback- oder Keksbrei usw.) umgestellt wird.

Mögliche Symptome im Kindesalter sind Durchfall (Diarrhö), dünner bis flüssiger Stuhl; große Mengen fettig glänzenden und stark stinkenden Stuhls, der oft auffallend hell in der Farbe ist. Ein dicker, aufgeblähter Bauch, Gewichtsabnahme, Blässe und Müdigkeit kommen hinzu. Selten zählen auch Verstopfung und Erbrechen zu den ersten Krankheitszeichen. Die Kinder werden weinerlich und wollen nicht mehr spielen. Manche sitzen apathisch in der Ecke. Oft wird die Nahrung völlig abgelehnt, als ob das Kind spürt, dass es ihm deshalb so schlecht geht. Nach einiger Zeit zeigt sich eine Verzögerung im Wachstum. Bei einer leichten Verlaufsform im Kleinkindesalter fallen die Kinder möglicherweise erst später durch Kleinwuchs oder verzögerte Geschlechtsreife auf.

Je früher glutenhaltige Lebensmittel in den Speiseplan des Kleinstkindes aufgenommen werden, umso deutlicher zeigen sich die Krankheitszeichen. Für betroffene Säuglinge unter einem halben Jahr können die auftretenden Durchfälle dann sogar lebensbedrohlich werden. Je später Gluten in die Nahrung aufgenommen wird (z. B. durch eine sehr lange Stillzeit), desto unklarer werden die auftretenden Krankheitszeichen. Die Zöliakie wird nicht mehr so leicht erkannt. Deshalb lautet die Empfehlung der Kinderärzte, glutenhaltige Getreide erst im zweiten Lebenshalbjahr zu füttern. Die meisten Hersteller von Kindernahrung halten sich an diese Empfehlung und kennzeichnen ihre Produkte entsprechend. Durch eine zu frühe Fütterung von Gluten kann jedoch keine Zöliakie verursacht werden. Es muss immer eine genetische Veranlagung vorhanden sein.

Die Symptome beim Erwachsenen sind zunächst meist nicht so eindeutig. Oft beginnt alles mit Knochenschmerzen; Krämpfe (Tetanien) kommen besonders nachts hinzu. Der Zahnarzt stellt Zahnschäden im Zahnaufbau fest. Eventuell wird jetzt ein Kalziummangel diagnostiziert. Migräneanfälle, Depressionen und Nervosität gehören ebenfalls zu den unspezifischen Symptomen. Bei einigen Spruepatienten fällt eine fahle, teigige Haut auf. Manchmal ist eine geringe Körpergröße ein Zeichen für die Sprue.

Typisch sind auch Störungen des weiblichen Zyklus. Meist setzt die Pubertät bei den Betroffenen erst spät ein. Bei unerkannter oder nicht behandelter Sprue kommt es häufig zu Störungen in der Schwangerschaft.

Mit Verzögerung machen sich Probleme im Darmbereich bemerkbar, wie z. B. häufige Stuhlentleerung. Dabei kann der Stuhl dünn, aber auch fest sein. Durchfallphasen wechseln mit Verstopfung. Es treten Bauchschmerzen bis hin zu Bauchkrämpfen auf und letztlich ist eine rapide Gewichtsabnahme zu beobachten. Genauere Untersuchungen ergeben hohe Fettmengen im Stuhl (Steatorrhö).

Untypisch sind Blut- und Schleimbeimengungen im Stuhl. Solche Anzeichen weisen auf andere Darmerkrankungen hin. Akute Krankheitsphasen gibt es bei der Zöliakie nur, solange die Erkrankung noch nicht erkannt ist, oder bei Diätfehlern. »Akute Schübe« wie bei anderen entzündlichen Darmkrankheiten, z. B. Morbus Crohn oder Colitis ulcerosa, sind nicht typisch.

Diagnose

Bei klassischer Symptomatik im Kindesalter fällt der Verdacht des Kinderarztes sehr bald auf die Zöliakie. Die Diagnose wird mittels einer Biopsie gestellt. Hierzu entnimmt der Arzt mithilfe einer Kapsel ein winziges Stück Darmschleimhaut-Oberfläche. Diese Kapsel hängt an einem Schlauch, der zur Durchführung der Biopsie geschluckt werden muss. Die Untersuchung wird unter örtlicher Betäubung durchgeführt. Eine Biopsie ist zwar unangenehm, jedoch mit der heutigen Technik nicht gefährlich. In den meisten Fällen ist ein stationärer Aufenthalt nicht erforderlich. Das entnommene Stückchen Darmschleimhaut wird histologisch untersucht. Eine Zottenschädigung oder das Fehlen der Zotten kann nur durch diese Methode eindeutig festgestellt werden.

Bei unklarer Symptomatik, insbesondere bei Erwachsenen, kann es lange dauern, bis der Arzt auf eine Darmerkrankung untersucht. Im ungünstigsten Fall vergehen von den ersten Krankheitsanzeichen bis zur Diagnosestellung mehrere Jahre. Hinweisende Untersuchungen sind die Fettbestimmung im Stuhl sowie Vitamin- und Mineralstoffbestimmung im Blut. Weiterhin können Tests zur Messung der Resorption durchgeführt werden (z. B. Testung des Wasserstoffgehaltes der Atemluft u. a.). Ultraschalluntersuchungen sind zur Diagnose der Sprue nicht geeignet, obgleich bei Verwendung von sehr genauen Geräten und Auswertung durch hochqualifizierte Mediziner auch im Ultraschall Veränderungen nachgewiesen werden können.

Seit einigen Jahren werden auch Antikörperbestimmungen gegen Gluten und gegen körpereigenes Gewebe bei Zöliakiepatienten als Diagnosemöglichkeit genutzt. Eine besondere Rolle spielt die Kombination von Immunglobulin A und G (IgA und IgG) (Immunglobuline sind Bluteiweiße des körpereigenen Abwehrsystems) gegen Gliadin sowie Endomysium-Immunglobulin A (EMA). Die alleinige Bestimmung der Antikörper gegen Gliadin ist nicht ausreichend, da sowohl gesunde Menschen als auch Personen mit anderen Darmerkrankungen solche im Blut haben können. Dieses Problem gibt es bei den Endomysium-Antikörpern nicht. Hier ist die Sensitivität und Spezifität sehr hoch, sofern es sich bei den Untersuchten nicht um Kleinkinder unter zwei Jahren handelt. Als neueste Variante werden Antikörper gegen Transglutaminase, ein körpereigenes Enzym, welches am Glutenabbau beteiligt ist, gesucht. Das Immunsystem des Zöliakiebetroffenen reagiert sowohl auf die Transglutaminase als auch auf Glutenbruchstücke falsch und bildet Antikörper vom IgA-Typ. Diese neueren Tests scheinen eine hohe Sensitivität und Spezifität aufzuweisen und sind weniger aufwendig und besser auszuwerten als die bisher verwendeten Antikörpertests.

Die Bestimmung der entsprechenden Antikörper wird zurzeit nicht einheitlich durchgeführt und ausgewertet. Es ist erforderlich, geeignete standardisierte Testmedien zu entwickeln, damit in allen Labors die gleichen Ergebnisse erzielt werden können. Die Antikörperbestimmung ist bei Kindern unter zwei Jahren sowie bei einem IgA-Mangel (der bei Zöliakiebetroffenen häufiger als in der restlichen Bevölkerung auftritt) als Diagnosemöglichkeit ungeeignet. Die Bestimmung der Antikörper ersetzt nicht die Biopsie. Die Überprüfung der Antikörper ist jedoch eine geeignete Methode, Familienangehörige von Zöliakiebetroffenen auf eine mögliche Erkrankung zu testen und bei auffälligen Befunden zu einer Biopsie zu bewegen. Bei Patienten, die bereits ohne klare Diagnose mit der Diät begonnen haben, bietet die Überprüfung der Antikörper Möglichkeiten, den Verdacht zu erhärten. Weiterhin bietet die Testung der Transglutaminase-Antikörper die Möglichkeit der Diätkontrolle.

Vorübergehende Formen der Zöliakie sind selten (ca. 10 %) und werden als latente Zöliakie bezeichnet. Bei diesen Betroffenen kann die Darmschleimhaut auch bei normaler Ernährung jahrelang unauffällig bleiben, bis sich wieder eine Schädigung einstellt. Daher ist eine regelmäßige Überprüfung ratsam. Im Blut der Betroffenen finden sich zöliakietypische genetische Faktoren. Dagegen können Kuhmilch-Unverträglichkeit und Infektionserkrankungen ebenfalls zu Zottenverlust oder einer Atrophie führen. Diese möglichen Ursachen sollten vor Diagnosestellung abgeklärt werden. Die Schleimhautveränderungen sind nicht ganz mit denen einer Zöliakie identisch.

Von einer lebenslang bestehenden Zöliakie kann man ausgehen, wenn der Biopsiebefund eindeutig ist und der Betroffene deutlich auf die Einführung der glutenfreien Ernährung reagiert hat.

Leider werden immer wieder Patienten mit unklaren Bauchbeschwerden, Durchfall oder Ähnlichem »versuchsweise« auf eine glutenfreie Ernährung gesetzt, ohne dass eine Biopsie durchgeführt wurde. Oft kennt der Betroffene die Möglichkeiten dieser Untersuchungsmethode nicht, in vielen Fällen hat er Angst vor der Biopsie.

Die angesetzte Zeit der Versuchskost liegt meist zwischen zwei und acht Wochen. Die Patienten beobachten sich in dieser Zeit sehr genau und oft glauben sie, eine Besserung zu verspüren. Meistens wird die Diät jedoch ungenau und nicht konsequent durchgeführt. In solchen Fällen kann daher auch nach Ablauf der Probezeit keine definitive Diagnose gestellt werden. Der Betroffene wird noch mehr verunsichert und vor einer Biopsie zur klaren Feststellung der Zöliakie muss zunächst wieder glutenhaltig gegessen werden.

Dieses Hin und Her könnte den Patienten erspart bleiben und ich persönlich lehne die »glutenfreie Diät auf Probe« entschieden ab, wenn es darum geht, einen Zöliakieverdacht zu bestätigen.

Behandlung

Nach eindeutig gestellter Diagnose gibt es für die Zöliakiebetroffenen nur eine wirksame Therapie: glutenfreie Ernährung. Wird kein Gluten mit der Nahrung aufgenommen, bilden sich die Darmzotten neu und nehmen ihre normale Funktion wieder auf. Kleinste Diätfehler machen diesen Erfolg wieder zunichte, vor allem wenn sie sich ständig wiederholen. Es wird auch in naher Zukunft kein Medikament und keine andere Methode geben, um eine Zöliakie zu heilen oder wirksam zu behandeln. Bei dieser Darmerkrankung hilft einzig die konsequente und – nach heutigen Forschungsergebnissen – die lebenslange Umstellung der Ernährung.

Gluten aus Weizen (Dinkel, Grünkern), Roggen, Gerste und Hafer muss völlig vermieden werden.

Nach Umstellung auf glutenfreie Ernährung kommt es sehr schnell zu einer Besserung des Gesundheitszustandes der Betroffenen. Stimmungslage und Durchfälle bessern sich innerhalb weniger Tage. Die glutenfreie Ernährung hat keinerlei Nebenwirkungen. Gluten ist kein lebensnotwendiger Nährstoff. Auch beim Gesunden bewirkt das Weglassen von Gluten keine Mangelerscheinungen.

Bei Sprue-Patienten, die bei Diagnosestellung in einem schlechten Allgemeinzustand sind, werden anfangs zusätzliche Therapiemaßnahmen notwendig:

● Bei starkem Untergewicht ist eine hochkalorische Kost erforderlich.
● Bei Durchfall und Bauchschmerzen müssen stark blähende Speisen, wie z. B. Kohl, Zwiebeln und Hülsenfrüchte, von den Betroffenen gemieden werden.
● Vielfach besteht bei Spruebetroffenen eine zusätzliche Unverträglichkeit gegenüber Milchzucker (Laktose). Anfangs sollten alle Milchprodukte gemieden werden.

Die Wirkung der glutenfreien Ernährung kann bei Spruepatienten, also bei Erwachsenen mit Zöliakie, verzögert einsetzen. Es kann bis zu einem Jahr nach Diagnosestellung dauern, bis die Beschwerden deutlich nachlassen.

An dieser Stelle möchte ich vor einer Broschüre warnen, in der die Heilung der Zöliakie mittels einer glutenhaltigen »Vollwertkost« beschrieben wird. Der Autor, Dr. O. Bruker, ist der Meinung, dass die glutenfreie Kost höchstens für kurze Zeit einzuhalten ist. Anschließend gehört nach seiner Ansicht der Verzehr von Vollkornprodukten in den »Heilplan« der Zöliakie. Diese Auffassung widerspricht allen bisherigen Forschungsergebnissen. Dr. Bruker hat seine Behauptungen bislang trotz mehrfacher Aufforderung nicht vor Fachkollegen belegt. Von Betroffenen liegen Negativerfahrungen vor, nachdem sie den Heilplan von Dr. Bruker selbst getestet haben. Die Deutsche Zöliakie-Gesellschaft veröffentlichte im Mai 1986 eine der Aussage von Dr. Bruker widersprechende Pressemitteilung zum Schutz ihrer Mitglieder.

Leider gibt es außer dieser beschriebenen »Heilmethode« immer wieder Behandlungsangebote der Außenseiter-Medizin, die Heilung bei Zöliakie versprechen (Einsatz von »lebenden Makromolekülen«, Bioresonanztherapie, Elektroakupunktur usw.). Keine der Methoden hält einer wissenschaftlichen Überprüfung stand. Die angeblichen Erfolge werden meist aufgrund fehlender Durchfälle oder anderer Symptome gefeiert. Beweisende Kontrollbiopsien nach spätestens zwei Jahren glutenhaltiger Ernährung wären erforderlich, denn das Ausbleiben von Symptomen sagt nichts über den Zustand der Darmschleimhaut aus.

Mögliche Begleiterkrankungen und Spätfolgen

In der Fachliteratur zum Thema Zöliakie/Sprue trifft man auf eine Vielzahl anderer Erkrankungen, die in Zusammenhang mit der Zöliakie stehen sollen. Ich will hier lediglich auf die nachgewiesene Begleiterscheinungen eingehen.

Mangelerscheinungen

Die meisten begleitenden Krankheiten sind Mangelerscheinungen, die nach Diagnosestellung und bei konsequent eingehaltener glutenfreier Diät verschwinden. Die geschädigte Schleimhaut des Dünndarmes kann wichtige Nahrungsbestandteile nicht ins Blut übernehmen. Dazu zählen Nahrungsfette, Vitamine, Mineralstoffe und Eiweiß.

Nahrungsfette und fettlösliche Vitamine

Als Folge der Schädigung der Schleimhaut wird Fett schlecht aufgenommen und mit dem Stuhl ausgeschieden. Damit fehlt dem Körper eine wichtige Energiequelle. Der Körper benötigt Fett als Energiespeicher und zur Erhaltung der schützenden Schicht um viele innere Organe (Schutz gegen Wärmeverlust, Polster). Bestimmte Fettbestandteile, die essenziellen Fettsäuren, werden vom Körper zum Aufbau der Zellen benötigt. Diese essenziellen Fettsäuren, vor allem die Linolsäure, kann der menschliche Körper nicht selbst herstellen. Sie müssen darum unbedingt mit der Nahrung zugeführt werden. Ist nun die Resorption von Nahrungsfett eingeschränkt, kommt es auch zu einem Mangel an Linolsäure.

Außerdem ist Fett als Lösungsmittel für die fettlöslichen Vitamine wesentlich. Mit einer eingeschränkten Fettresorption werden auch diese Vitamine nur in unzureichender Menge ins Blut aufgenommen. Dazu zählen die Vitamine A, D, E und K.

Vitamin A gilt als Hautschutzvitamin. Es ist außerdem wichtiger Bestandteil des Sehpupurs und ist mitverantwortlich für das Wachstum. Ein Mangel an Vitamin A bewirkt Nachtblindheit und ist auch Ursache für Hautstörungen und Gewichtsabnahme.

Vitamin D sorgt hauptsächlich für die Einlagerung von Kalzium (Kalk) in den Knochen. Ein Mangel an Vitamin D besteht bei Zöliakiebetroffenen weniger häufig, da Vitamin D in den Hautzellen des Menschen aus verschiedenen Vorstufen (Provitaminen) selbst hergestellt wird. Bleibt die Zöliakie jedoch lange unerkannt, können auch die Vorstufen des Vitamin D nicht in genügender Menge ins Blut gelangen. Das ist auch der Fall, wenn die glutenfreie Ernährung nicht eingehalten wird. Ein Vitamin-D-Mangel hat vor allem eine Entkalkung der Knochen zur Folge.

Vitamin E verhindert eine Zerstörung von lebensnotwendigen Fettsäuren durch die Einwirkung von Sauerstoff (Oxidation). Diese antioxidative Funktion ist auch innerhalb des Körpers vorhanden und verhindert die Entstehung der so genannten »freien Radikale« im Blut. Durch diese Zellschutzwirkung beugt es der Entstehung von Krebs vor. Vitamin E geht vor allem über die Fettausscheidung mit dem Stuhl verloren.

Vitamin K wird auch als das Gerinnungsvitamin bezeichnet. Die Blutgerinnung hängt wesentlich von der Anwesenheit von Vitamin K ab. Vitamin-K-Mangel tritt vor allem bei gestörter Fettresorption auf, kann aber auch durch eine längere Behandlung mit Antibiotika verursacht werden.

Wasserlösliche Vitamine und Mineralstoffe

Durch die häufigen Stuhlentleerungen und aufgrund der geschädigten Darmschleimhaut kann es auch zu einem Mangel an nichtfettlöslichen Vitaminen und einigen Mineralstoffen kommen.

Folsäure gehört zur Gruppe der B-Vitamine. Folsäure ist ein notwendiger Faktor für den Aufbau von Körpereiweiß und die Zellvermehrung. Bei Folsäuremangel ist die Bildung der roten und weißen Blutkörperchen gestört. Ein Folsäuremangel ist deshalb auch Mitursache für die bei Zöliakie typische Anämie (Blutarmut). Folsäure sorgt, in Zusammenarbeit mit dem Mineralstoff Zink, auch für einen raschen Wiederaufbau der Schleimhaut. Ein Folsäuremangel verzögert diesen Aufbau und ist deshalb mitverantwortlich für die langsame Besserung bei Spruebetroffenen. Folsäure spielt auch eine wichtige Rolle für den störungsfreien Verlauf einer Schwangerschaft. In dieser Zeit ist der Bedarf an Folsäure doppelt so hoch wie sonst. Zahlreiche Lebensmittel enthalten Folsäure, jedoch ist dieses Vitamin extrem wärmeempfindlich, sodass bei erhitzten Lebensmitteln nur wenig von der ursprünglichen Menge des Vitamins vom Körper verwertet werden kann. Der Folsäuremangel wird leider immer noch sehr wenig von den behandelnden Ärzten beachtet.

Vitamin B_6 spielt eine bedeutende Rolle im Eiweißstoffwechsel. Vitamin B_6 ist Bestandteil von wichtigen Enzymen. Mangelerscheinungen machen sich in Form von Gewichtsverlust, Entzündungen an Haut und Schleimhäuten sowie durch Wachstumsstillstand bemerkbar. Vitamin-B_6-Mangel äußert sich auch am Nervensystem. Insbesondere bei Säuglingen treten als Folgeerscheinungen eines schweren Mangelzustandes Krämpfe auf.

Vitamin B_{12} hat ebenfalls Funktionen im Eiweißstoffwechsel. Es ist am Aufbau der Körperzellen beteiligt und spielt beim Fettabbau eine Rolle. Ein Mangel an Vitamin B_{12} tritt vor allem bei Resorptionsstörungen auf. Das ist besonders bei Dünndarm-Erkrankungen der Fall, speziell bei der Erwachsenen-Sprue. Ein Vitamin-B_{12}-Mangel bewirkt Reifungsstörungen der roten Blutkörperchen (Folge: Anämie) sowie Veränderungen am Nervensystem und wirkt sich ungünstig auf Mund- und Rachenschleimhäute aus. Symptome der Erwachsenen-Sprue, wie z.B. Nervosität und Depressionen, aber auch Entzündungen der Mundschleimhaut (Stomatitis aphtosa), wären mit einem Vitamin-B_{12}-Mangel zu begründen.

Der Mineralstoff Kalzium ist ein Hauptbestandteil der Knochen und Zähne. Kalzium hat als gelöster Mineralstoff im Blut aber noch zahlreiche andere Funktionen. Der Körper ist bestrebt, den Blutkalziumspiegel immer konstant zu halten. Wenn aufgrund eingeschränkter Resorption oder durch mangelnde Zufuhr mit der Nahrung zu wenig Kalzium im Blut ankommt, wird es aus dem Knochen herausgelöst, um den Mangel im Blut auszugleichen. Bei Kalziummangel ist also die zunächst unbemerkte Folge eine Entkalkung von Knochen und Zähnen. Das ist auch häufig das erste Symptom bei Erwachsenen mit einer noch unerkannten Sprue. Ein Kalziummangel macht sich auch durch Muskelkrämpfe (Tetanien) bemerkbar. Sehr viel Kalzium geht mit der Fettausscheidung über den Stuhl verloren, da sich im Darm aus Fett und Kalzium »Kalkseifen« bilden, die unlöslich sind und auch nicht mehr ins Blut aufgenommen werden können.

Eisen ist Bestandteil des roten Blutfarbstoffes (Hämoglobin) und dort verantwortlich für den Sauerstofftransport. Eisen ist ein sehr empfindlicher Mineralstoff, was die Resorption angeht. Viele Menschen, insbesondere Frauen, haben einen leichten Eisenmangel, weil das mit der Nahrung aufgenommene Eisen nicht vollständig ins Blut aufgenommen werden kann. Hierbei ist zu bemerken, dass Eisen aus tierischen Nahrungsmitteln besser verwertet werden kann als aus pflanzlichen. Bei vegetarischer Ernährung ist darum ein Eisenmangel häufiger anzutreffen. Eisenmangel äußert sich in Blässe (Anämie), Müdigkeit und Appetitverlust. All das sind auch wichtige Symptome bei Zöliakie und Sprue.

Kalium ist für die Wasserverteilung im Organismus von großer Bedeutung. Es beeinflusst jedoch auch die Herztätigkeit; bei einem Mangel kann es zu Herzrhythmusstörungen kommen. Symptome eines Kaliummangels sind außerdem Muskelschwäche und eine ungenügende Insulinausschüttung. Starker Kaliummangel bewirkt weiterhin eine Darm-Atonie, d.h., die natürlichen Darmbewegungen sind nicht mehr vorhanden. Damit ist die Stuhlausscheidung empfindlich gestört. Zu einem Kaliummangel kann es nach größeren Flüssigkeitsverlusten kommen, z. B. nach Erbrechen, starken Durchfällen oder längerem Gebrauch von Abführmitteln.

Zink hat eine ganze Reihe von Aufgaben. Es erfüllt wichtige Funktionen im Immunsystem, ist aber auch wesentlicher Bestandteil von Enzymen. Ein Zinkmangel bewirkt Veränderungen im Hormonhaushalt und in der Enzymaktivität. Zinkmangel macht sich durch Appetitlosigkeit, erhöhte Infektanfälligkeit und eine verzögerte Wundheilung bemerkbar. Zusammen mit der Folsäure bewirkt Zink die Abheilung der entzündeten Darmschleimhaut und deren Wiederaufbau. Ein Zinkmangel ist deshalb auch mitverantwortlich für die verzögerte Besserung der Sprue.

Eiweiß

Nicht zuletzt kommt es durch die eingeschränkte Resorption auch zu einem Mangel an Eiweiß. Eiweiß ist wichtiger Bestandteil aller Zellen im Körper. Es wird von Nahrungs- in Körpereiweiß umgebaut und ermöglicht erst Wachstum und Bildung von Körpersubstanz. Ohne Eiweiß kein Leben!

Ein Eiweißmangel, der insbesondere bei unerkannter Sprue auftritt, ist wesentliche Ursache für Wachstumsstörungen, aber auch hormonelle Störungen. Bei Frauen setzt die Periode verspätet ein und es kann zu Komplikationen in der Schwangerschaft kommen. Frauen mit unbehandelter Sprue haben häufiger Fehlgeburten. Die Mangelsituation der Mutter wirkt sich auf das ungeborene Kind aus. Es kommt damit auch häufiger zu Unterentwicklung oder Missbildungen bei diesen Kindern. Nicht zuletzt damit ist eine konsequent eingehaltene glutenfreie Diät zu begründen, vor allem wenn Kinderwunsch besteht.

Alle Mangelerscheinungen, die während der unerkannten Zöliakie auftreten können, lassen sich durch eine strikt eingehaltene glutenfreie Ernährung vermeiden.

Besteht diese Mangelsituation bei Diagnosestellung, genügt es jedoch nicht, den Grundbedarf der Substanzen zu decken. Es ist wichtig, am Anfang viel mehr von den fehlenden Vitaminen, Eiweißstoffen und Mineralien zu verabreichen, um den Mangel auszugleichen, evtl. Speicher aufzufüllen und den notwendigen Tagesbedarf zu decken. Die Feststellung und auch die Behandlung der Mangelsituation ist Aufgabe des Arztes. Der Betroffene sollte auf keinen Fall auf eigene Faust irgendwelche Präparate schlucken. Ein Ausgleich von bestehenden Mangelerscheinungen ausschließlich mit Ernährungsmaßnahmen gelingt nicht, da die Darmschleimhaut anfangs eine hohe Zufuhr der Substanzen überhaupt nicht aufschließen und an das Blut weitergeben kann.

Allerdings trägt der Betroffene sehr dazu bei, einen Mangel zu vermeiden, wenn er nach Diagnosestellung die Diät sehr genau einhält und sich mit einer ausgewogenen glutenfreien Mischkost ernährt. Einseitige Ernährungsformen sind hier fehl am Platz.

Zusammenhänge mit anderen Erkrankungen

Bestimmte genetische Merkmale sind bei der Entstehung einer Zöliakie von entscheidender Bedeutung. Es liegt also nahe, dass Erkrankungen, die auf eine ähnliche genetische Veranlagung zurückzuführen sind, gehäuft mit der Zöliakie zusammen auftreten. Eine solche Ähnlichkeit besteht beim Diabetes mellitus Typ I (Zuckerkrankheit) und es ist deshalb zu vermuten, dass das gleichzeitige Auftreten von Diabetes im jugendlichen Alter zusammen mit einer Zöliakie gehäuft vorkommt. Bewiesen wurde dies bisher nur in Italien und in Skandinavien.

Eindeutig erwiesen ist der Zusammenhang der Zöliakie mit der Hauterkrankung Dermatitis herpetiformis Duhring, in deren Verlauf andauernde Bläschen und Knötchen der Haut mit starkem Juckreiz und Brennen auftreten. Etwa 60 % aller Duhring-Betroffenen reagieren auf eine glutenfreie Ernährung mit einer Hautbesserung. Bei den meisten dieser Betroffenen fand sich eine Zottenatrophie im Dünndarm. Auch diese Zottenatrophie bessert sich bei glutenfreier Ernährung. Es handelt sich bei der Dermatitis herpetiformis Duhring um eine eigenständige Erkrankung, nicht um eine andere Form der Zöliakie, die sich über die Haut äußert, obgleich die glutenfreie Ernährung in vielen Fällen Wirkung zeigt. Viele Einzelheiten der Erkrankung sind noch ungeklärt. Die glutenfreie Ernährung hilft nicht in allen Fällen und ist auch nicht die alleinige Behandlungsmethode.

Statistisch und aufgrund von Patientenumfragen ergibt sich außerdem ein gehäuftes gemeinsames Auftreten mit folgenden Krankheiten: Morbus Crohn, Colitis ulcerosa (beides sind chronische Entzündungen des Darmes), Bauchspeicheldrüsenschwäche (Pankreasinsuffizienz) und Allergien. Neuere Studien weisen außerdem auf Zusammenhänge mit Autoimmunhepatitis, autoimmunhämolytischen Anämien, juveniler rheumatoider Arthritis (Sjörgren-Syndrom) und dem Down-Syndrom hin.

Zöliakie und Psyche

In einigen Veröffentlichungen zum Thema Zöliakie wird ein Zusammenhang mit seelischen Krankheiten wie Depressionen, Psychosen und Schizophrenie geradezu betont. Als Betroffener wird man durch solche

Angaben verunsichert und in Angst versetzt. Lassen Sie sich diese Angst nehmen: Natürlich kann ein Spruepatient auf dem langen Weg bis zur Diagnose, wenn es ihm immer schlechter geht und keiner die Ursache findet, in depressive Stimmungen verfallen. Das ist unter diesen Bedingungen nicht unnatürlich. Vitamin-Mangelerscheinungen, die sich auf das Nervensystem auswirken, können leicht bewiesen und auch behoben werden. Auch bessert sich die Stimmung von Betroffenen nach Einführung der glutenfreien Ernährung wesentlich. Besonders gut ist dies bei Zöliakiekindern zu beobachten. Innerhalb weniger Tage wird aus dem apathischen Kind wieder ein fröhliches Wesen. Bei Jugendlichen beobachtet man schlechte Laune und Stimmungsschwankungen bei Diätfehlern – vielleicht auch aus einem schlechten Gewissen heraus?

Es besteht also ein Zusammenhang zwischen der seelischen Situation (Laune) des Betroffenen und der Glutenaufnahme. Der genaue Grund für diese Reaktion ist noch nicht bekannt. Einen bewiesenen Zusammenhang mit Schizophrenie oder anderen erblichen psychischen Erkrankungen gibt es jedoch nach heutigen Forschungsergebnissen nicht.

Folgeerkrankungen und Komplikationen

Die wichtigste Komplikation bei Zöliakie ist das Risiko eines gehäuften Auftretens von Krebstumoren (Lymphomen) im Dünndarm und auch in der Speiseröhre. Nach langen Jahren der Diskussion wurde mittels einer Langzeitstudie endgültig bewiesen, dass das gehäufte Auftreten von Tumoren mit der Einhaltung der glutenfreien Ernährung in eindeutigem Zusammenhang steht. Wird die Diät nach der Diagnosestellung strikt über mehr als fünf Jahre eingehalten, ist das Risiko, an Krebs zu erkranken, nicht höher als bei Nichtbetroffenen. Wird die Diät jedoch nicht eingehalten bzw. immer wieder durch Diätfehler unterbrochen, ist das Karzinomrisiko eindeutig erhöht. Ob und welche anderen Faktoren außer der glutenfreien Ernährung dabei eine Rolle spielen, ist noch nicht untersucht. Die Ergebnisse der Langzeituntersuchung bestätigen jedoch nochmals, wie wichtig die konsequente glutenfreie Diät für uns Betroffene ist.

Als weitere Komplikation wird manchmal die »Kollagensprue« genannt. Die Kollagensprue ist äußerst selten. Es handelt sich um eine geschädigte Dünndarmschleimhaut mit Einlagerung von Narbengewebe (kollagenen Fasern). Diese Art der Schleimhautschädigung unterscheidet sich deutlich von der Schädigung bei der Zöliakie. Die Schleimhaut reagiert auch nicht auf die glutenfreie Ernährung. Es tritt keine Besserung ein. Es ist nicht bewiesen, dass die Kollagensprue eine sehr schlimme Form der einheimischen Sprue oder gar die Folge einer über lange Zeit unbehandelten Sprue wäre.

Die glutenfreie Ernährung

Was ist Gluten?

Die üblichen Getreidesorten Weizen (einschließlich Dinkel, Grünkern, Kamut oder Einkorn), Roggen, Gerste und Hafer enthalten in unterschiedlicher Menge einen Eiweißstoff, der für wichtige Backeigenschaften verantwortlich ist – das Klebereiweiß oder Gluten. Gluten macht den Teig elastisch, bindet Flüssigkeit im Teig und sorgt auch für Zusammenhalt und Biss in Brot und Gebäck. Besonders viel Gluten ist im Weizen enthalten. Deshalb spielt Weizenmehl bei herkömmlichen Backwaren auch die Hauptrolle. Der Bäcker spricht je nach Sorte von »kleberstarkem« oder »kleberschwachem« Mehl. Roggen enthält von Natur aus weniger ähnliche Eiweißkörper und kann deshalb nicht so einfach zu Brot verbacken werden. Meistens wird hier mit Weizenmehl gemischt.

Die Klebereiweiße aller Getreidearten werden unter dem Oberbegriff Gluten zusammengefasst.

Chemisch betrachtet wird das Getreideeiweiß in unterschiedliche Gruppen eingeteilt.

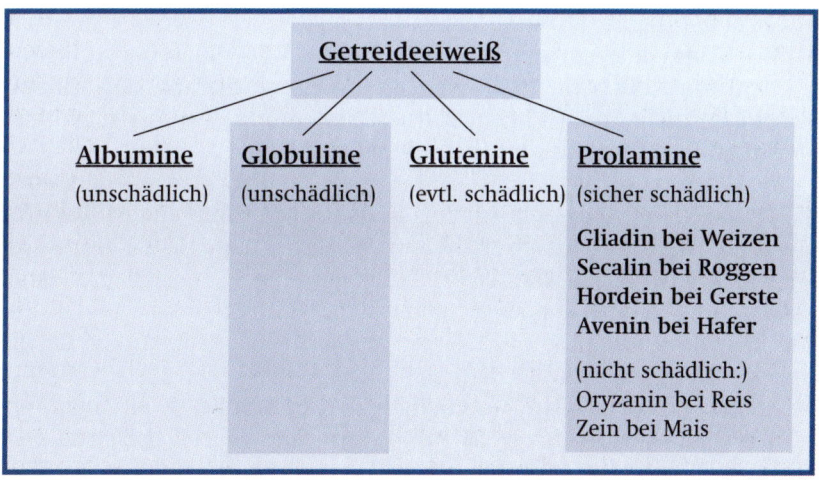

Als schädlich für Zöliakiebetroffene gelten die Prolamine, eine alkohollösliche Gruppe des Getreideeiweißes. Ob evtl. auch die Glutenine schädliche Auswirkungen auf die Darmschleimhaut haben, ist noch nicht genau bekannt.

Im Einzelnen handelt es sich bei Weizen und Roggen um Gliadin, bei Gerste um Hordein und bei Hafer um Avenin. Unklar ist derzeit, ob sich auch in bestimmten Sorten von Wildreis (nicht Naturreis!) durch botanische Verwandschaft mit Hafer Avenin befindet. Somit wäre auch Wildreis glutenhaltig. Bei Mais heißt das entsprechende Eiweiß Zein, bei Reis ist es das Oryzanin. Zöliakiebetroffene reagieren jedoch nur auf die Getreidearten Weizen, Roggen, Gerste und Hafer einschließlich ihrer botanischen Verwandten. Mais und Reis werden gut vertragen.

Unter glutenfreier Ernährung versteht man daher das Weglassen von Weizen, Roggen, Gerste und Hafer inklusive der botanischen Verwandten. Hierzu ist eine konsequente und lebenslang einzuhaltende Ernährungsumstellung erforderlich.

Es wäre einfach, wenn das beschriebene Getreideeiweiß wirklich nur in Lebensmitteln vorkäme, die aus den genannten Getreidearten hergestellt werden. Leider besitzt Gluten auch für völlig andere Lebensmittelgruppen hervorragende technologische Eigenschaften und ist deshalb in der Lebensmittelindustrie ein willkommener natürlicher Hilfsstoff. Gluten bindet Fett und Wasser, emulgiert, stabilisiert und ist ein hervorragender Träger von Aromen und Gewürzen. Die Liste der für die Industrie positiven Eigenschaften ist lang und die Einsatzmöglichkeiten sind schier unbegrenzt (siehe Tabelle S. 25/26).

Leider muss Gluten zurzeit nicht immer auf den Verpackungen als Zutat gekennzeichnet sein. Als technologisches Hilfsmittel, welches im Endprodukt keine Wirkung mehr aufweist, sowie auch als mengenmäßig kleine Zutat fällt es häufig nicht unter die Deklarationspflicht.

Aufgrund einer nicht eindeutigen Kennzeichnung der Lebensmittel ist die Auswahl von verarbeiteten Produkten allein anhand der aufgedruckten Zutatenliste nicht möglich!

Gluten kann sich hinter Begriffen wie z. B. Pflanzeneiweiß oder auch in Gewürz- und Aromenmischungen verstecken. Eine andere Bezeichnung für Gluten, die sich manchmal in den Zutatenlisten findet, ist Seitan. Bei Seitan, in der asiatischen Küche auch unter dem Namen »Mien ching« oder »Vu mien« bekannt, handelt es sich um reines Gluten, das aus Weizenmehl hergestellt wird. Seitan wird insbesondere für die vegetarische Küche empfohlen.

»Stärke« ist ein Begriff, der häufig in den Zutatenlisten auftaucht. Leider ist selten vermerkt, welche Stärke verwendet wurde. Es könnte sich um glutenhaltige Weizenstärke handeln, jedoch auch um glutenfreie Reis-, Mais- oder Kartoffelstärke. Für Verwirrung sorgt auch der Begriff »modifizierte Stärke«. Hier kommt es wiederum darauf an, welche Stärkesorte modifiziert (verändert) wurde. Diese Information findet man fast nie in der Zutatenliste. Die Zutatenliste sollte daher nur zur Negativauswahl verwendet werden.

Gluten in Lebensmitteln

Lebensmittel	Glutenhaltig durch	Erkennbar durch
Backwaren (Brote, Kuchen, Kekse, Pizza, usw.)	Weizenmehl, Roggenmehl, Hafermehl oder -flocken	Zutatenliste
Frühstückszerealien (Müsli, Cornflakes, Crisps)	Getreideflocken aus Weizen, Roggen, Gerste, Hafer, Malz	Zutatenliste
Teigwaren/Nudeln	Weizenmehl oder -grieß	Zutatenliste
Kartoffelprodukte (Pommes frites, Klöße, Kroketten, Puffer, Püreepulver, Chips)	Panade, Gewürzmischungen mit Trägerstoff Gluten, Weizenmehl im Gemisch	Teilweise Zutatenliste, jedoch auch ohne Deklaration bei Trägerstoffen
Milchprodukte	Bindemittel-Mischungen, Flocken- oder Kleiezusätze, Aromen in der Fruchtzubereitung, Gluten als technologisches Hilfsmittel	Teilweise Zutatenliste, jedoch auch ohne Deklaration bei Trägerstoffen oder als Bestandteil der »zusammengesetzten Zutat« Fruchtzubereitung
Fleischwaren Wurst und küchenfertige Fleischgerichte	Teigmantel, Zusatz von Getreidebröseln und -flocken, Kutterhilfsmitteln und Würzmittelmischungen bei Wurst, Zusätze in Laken und Marinaden	Teilweise Zutatenliste, jedoch auch ohne Deklaration bei technologischen Hilfsmitteln und Würzmischungen Achtung: 80 % des industriell erzeugten Glutens wird in der Fleischwarenindustrie weiterverwendet!

Getränke (Bier, Malzbier, Kaffee-Ersatzprodukte, Whiskey)	Gerstenmalz	Zutatenliste, teilweise auch erkennbar am Produktnamen »malted Whiskey«
Fertigprodukte, die als Zutat Stärke enthalten (Süßwaren, Soßenpulver, Dessert, Ketchup, Eintopfgerichte usw.)	Glutenhaltige Weizenstärke oder »modifizierte Stärke«	Nur durch die Nennung der Zutat »Stärke«
Gemüse Tiefgekühlt mit Kräuterbutter oder Soßenanteil	Weizenmehl in der Fertigsoße, Gluten als Trägerstoff von Gewürzen	Teilweise Zutatenliste, jedoch keine Kennzeichnung wenn Trägerstoff
Schokoladenartikel	Malzzusätze, Waffelstückchen oder Getreidecrisps, Weizenmehl	Teilweise Zutatenliste, jedoch keine Kennzeichnung von Malz bei Tafelschokoladen
Speiseeis	Gluten als technologisches Hilfsmittel, Waffelstückchen, Trägerstoff von Aromen	Keine Deklaration bei offenem Verkauf, keine Kennzeichnung von Trägerstoffen
Dragees (Arzneimittel oder dragierte Mandeln etc.)	Weizenmehl in der Umhüllung	Keine Kennzeichnung bei Süßwaren, da Drageehülle eine zusammengesetzte Zutat in geringer Menge; evtl. Kennzeichnung im Beipackzettel von Medikamenten
Würzmittel (Sojasoße, Gewürzmischungen, Gewürzzubereitungen)	Weizen als Zutat, Gluten als Träger- und Füllstoff	Meist nicht kennzeichnungspflichtig

Detektivarbeit wäre notwendig, um bei sorgloser Verwendung von verarbeiteten Lebensmitteln folgenreiche Diätfehler zu vermeiden – oder man müsste konsequent auf alle Fertig- und Halbfertigprodukte verzichten, die als Erleichterung beim Kochen geschätzt werden. Auch eine umfangreiche Korrespondenz mit den einzelnen Lebensmittelproduzenten wäre zur Problemlösung vorstellbar.

Diesen riesigen Arbeits- und Papieraufwand nimmt uns die Deutsche Zöliakie-Gesellschaft (DZG) ab. Diese Selbsthilfeorganisation gibt jährlich eine Positivliste glutenfreier Nahrungsmittel heraus. Mehrere Hundert Lebensmittelhersteller werden Jahr für Jahr nach der Glutenfreiheit ihrer Fertigprodukte (Dosensuppen, Süßwaren, Gewürzmischungen, Feinkostartikel usw.) befragt und alphabetisch in der aktuellen »Aufstellung glutenfreier Lebensmittel« aufgeführt. Ebenso gibt es eine »Aufstellung glutenfreier Arzneimittel«. Diese Listen bedeuten für alle Betroffenen und auch für Menschen, die für die Versorgung von Zöliakiekranken mitverantwortlich sind (Diätassistenten, Köche, Kindergärtner, Verwandte usw.) eine große Hilfe und Erleichterung.

Künftig (ab dem Jahr 2000) soll eine genauere Produktkennzeichnung den Einkauf für Zöliakiebetroffene erleichtern. Gluten soll dann als Zutat immer aufgelistet sein sowie auch die Stärkesorte, die verwendet wird. Wie genau und sicher die neue Kennzeichnung in die Praxis umgesetzt wird, bleibt abzuwarten. Eventuell benötigen wir dann ja nur noch die Zutatenliste und keine spezielle Produktaufstellung.

Jedoch wird in den Listen (aktuell und in Zukunft) lediglich die Aussage gemacht, dass bestimmte Produkte der Firmen glutenfrei zusammengesetzt sind. Es verbleibt ein Restrisiko der Verunreinigung mit Gluten bei der Herstellung der Produkte, wenn dazu die gleichen Anlagen verwendet werden wie für glutenhaltig zusammengesetzte Produkte. Eine 100%ige Sicherheit ist außerhalb des diätetischen Bereiches oft nicht gegeben.

Ich verwende die Lebensmittelaufstellung dennoch regelmäßig beim Einkaufen, besonders wenn ich auf Reisen bin und meine gewohnten Markenprodukte nicht im Regal finde.

Achtung: Fügen Sie den Listen immer die aktuellen Ergänzungen aus der DZG-Mitgliederzeitung hinzu. Hin und wieder kommt es zu Rezepturänderungen bei genannten Produkten innerhalb des Gültigkeitszeitraumes der Listen.

Problemlos und ohne Risiko können Sie die in der Tabelle (Seite 28) aufgelisteten Lebensmittel verwenden.

Für viele ist es ungewohnt, Mahlzeiten aus puren, natürlichen Lebensmitteln herzustellen. Häufig verwenden wir heute für Soßen und Suppen entsprechende Trockenprodukte, Gewürzmischungen sind fast in jedem Haushalt vorrätig. Im Rezeptteil dieses Buches finden Sie Anre-

Sicher glutenfreie Lebensmittel

Nährmittel (Getreide-»Ersatz«)	Reis, Mais, Maisstärke, Buchweizen, Hirse, Quinoa, Amaranth, Kartoffeln, Kartoffelstärke
Saaten	Sonnenblumenkerne, Leinsamen, Sesam, Kürbiskerne
Fleisch	Alle Sorten, unzubereitet
Geflügel und Eier	
Fisch, Krusten- und Schalentiere	
Milch und Milchprodukte »Natur«	z.B. Joghurt, Dickmilch, Sahne, Kefir, etc. Butter, Naturkäsesorten z.B. Gouda, Edamer, Emmentaler sofern keine bemehlte Rinde
Speisefette	Butter, Butterschmalz, Margarine, Speiseöl (kein kaltgepresstes Weizenkeimöl), Plattenfette (z.B. Kokosfett)
Gemüse, alle Sorte	Roh, Tiefkühlgemüse ohne Soßen und Gewürze, sauer eingelegt
Obst, alle Sorten	Roh, tiefgekühlt und Konserven
Nüsse und Mandeln	
Zucker, Honig, Invertzuckersirup, Marmeladen	
Gewürze (nicht Gewürzmischungen)	
Kräuter	roh, tiefgekühlt oder getrocknet
Salz	
Essig	
Getränke	Bohnenkaffee, Tee (nicht aromatisiert), Kakaopulver, Fruchtsäfte Mineral- und Tafelwasser, Wein, klare Spirituosen

gungen, ohne Fertigprodukte zu kochen, sowie einige Backrezepte, die ohne spezielle glutenfreie Mehlmischungen auskommen. Das fehlende Gluten in den erlaubten Ersatz-Getreiden erschwert die Herstellung von Brot und Gebäck. Fachleute (Bäcker, Nahrungsmittelindustrie) beschäftigten sich ausgiebig mit der Problematik, sodass es heute eine große Auswahl an fertigen glutenfreien Backwaren, Teigwaren und auch Mehl zum Selbstbacken gibt. Die heute erhältliche Vielfalt an glutenfreien Produkten erschien noch vor fünfzehn Jahren unvorstellbar!

Spezialprodukte für die glutenfreie Ernährung

Zöliakie ist eine relativ seltene Erkrankung, die Betroffenen leben weit verstreut. Deshalb lohnt es für den normalen Lebensmittelmarkt kaum, solche Spezialmehle und auch Fertiggebäcke zu führen. Glutenfreie Produkte gibt es daher nicht im Supermarkt.

Die Hersteller bieten ihre Produkte über Reformhäuser und in Apotheken an. Vielfach hat sich auch der direkte Versand an uns Betroffene bewährt. Nicht alle Produkte sind lange haltbar und deshalb nicht jederzeit in jedem Reformhaus erhältlich. Sicher sind die Reformhaus-Inhaber bereit, auf Ihre Nachfrage hin die gewünschten Diätlebensmittel zu bestellen. Frischbackwaren werden am besten beim Hersteller direkt bezogen. Informieren Sie sich über das umfangreiche Angebot. Die entsprechenden Anschriften finden Sie im Anhang.

Lebensmittel, die für Zöliakiebetroffene hergestellt werden, unterliegen der Diätverordnung. Speziell glutenfrei hergestellte Lebensmittel sind »diätetische Lebensmittel«. Die Hersteller glutenfreier Produkte müssen bestimmte Regeln bei der Zubereitung und auch bei der Kennzeichnung beachten. Diese Richtlinien zur Herstellung glutenfreier Lebensmittel gehören zum Lebensmittel- und Bedarfsgegenstände-Gesetz (LmBG). Die Richtlinien enthalten unter anderem Anforderungen an die Sorgfaltspflicht bei der Herstellung sowie festgelegte Analysemethoden zur Bestimmung des Glutengehaltes. So ist eine maximale Sicherheit im Hinblick auf die Glutenfreiheit der Spezialprodukte garantiert. Diese Sonderregelungen sind einer der Gründe dafür, dass glutenfreie Produkte oft um ein Vielfaches teurer sind als herkömmliche.

Als Kennzeichnung der glutenfreien Lebensmittel gilt das Wort »glutenfrei« oder das Zeichen der durchgestrichenen Weizenähre.

Oft weist folgender Satz auf die Glutenfreiheit hin: »Diätetisches Lebensmittel. Zur besonderen Ernährung bei Zöliakie im Rahmen eines Diätplanes geeignet.« Diese Kennzeichnung entspricht der Diätverordnung und ist nur zulässig, wenn das Lebensmittel speziell für Zöliakiebetroffene hergestellt wurde.

Zusammengesetzte Lebensmittel, die von Natur aus glutenfrei sind, dürfen keinen Hinweis auf die Krankheit Zöliakie geben. Die Verwendung des Wortes »glutenfrei« und das Zeichen sind auch bei Produkten, die von Natur aus glutenfrei sind, zulässig. Sie können jedoch hier nicht davon ausgehen, dass eine Absicherung bei der Produktion, sowie eine kontrollierte Rohstoffauswahl stattgefunden haben muss. Deshalb ist es nicht ohne Risiko, wenn z. B. Gebäck aus dem Naturkostladen gekauft wird, dessen Grundlage per Zufall Hirsemehl ist. Das Gebäck wird aufgrund der Rohstoff-Zusammensetzung als »glutenfrei« bezeichnet, die Herstellung fand jedoch möglicherweise in einer herkömmlichen Backstube statt, die auch mit Weizenmehl arbeitet. Die Gefahr der ungewollten Kontamination (Verunreinigung mit Gluten) ist hier nicht auszuschließen. Ähnlich ist die Problematik bei Florentiner-Plätzchen oder Baiser aus der »normalen« Bäckerei. Ein Restrisiko für einen Diätfehler besteht auch, wenn die Rezeptur eigentlich glutenfrei ist. Mehlstaub findet sich in jeder Bäckerei – und wer kontrolliert schon die Schürzen, Arbeitsflächen oder -geräte auf Mehlreste, nur weil Baisers in Arbeit sind. Aus genau diesem Grunde ist es auch nicht zu empfehlen, glutenfreie Mehlmischungen in herkömmlichen Bäckereien verarbeiten zu lassen. Sicher schmeckt ein ganz frisches Brot vom Bäcker um die Ecke besser als eines, das durch Einschweißen in Folie haltbar gemacht wird – nur: Wirklich glutenfrei ist es dann in den seltensten Fällen. Die exakte Reinigung der Arbeitsflächen und -geräte sowie die notwendige Endkontrolle der Brote auf eventuelle Glutengehalte steht in keinem Verhältnis zu einer freundlichen Geste vom Bäcker nebenan.

Vielfach bleibt daher nur die Selbstherstellung von Gebäcken im heimischen Backofen. Und auch hier ist besonders genau darauf zu achten, dass nur sorgfältig gereinigte Backformen verwendet werden. Alle Zutaten müssen garantiert glutenfrei ausgewählt sein und die Arbeitsmaterialien frei von Resten herkömmlicher Weizenteige und -backwaren. Die eigene »Küchenhygiene« ist für die Einhaltung der glutenfreien Ernährung von sehr großer Bedeutung und zieht sich von der Herstellung über die Bearbeitung (Brotschneidemaschine) bis hin zur Lagerung der glutenfreien Backwaren.

Glutenfreie Ernährung – vollwertige Ernährung?

Für Menschen, die eine glutenfreie Ernährung einhalten müssen, gelten genau dieselben Prinzipien für eine vernünftige Ernährung wie für jeden anderen auch. Eine gesunde und vernünftige Ernährung ist sicher nicht allzu schwierig zu verwirklichen. Sie erfordert jedoch in den meisten Fällen eine einschneidende Änderung von jahrelangen Gewohnheiten – und diese Umstellung fällt anfangs sehr schwer. Allein der Gedanke daran, langfristig etwas Gewohntes aufzugeben, hindert viele, mit der Umstellung anzufangen.

Hier haben es dann jene leicht, die mit unseriösen Methoden große Versprechungen machen (»Abnehmen ohne zu hungern«) oder die bestimmte einzelne Nahrungsmittel für ernährungsabhängige Krankheiten verantwortlich machen (Fleisch, Bier, tierische Eiweiße, Zucker, Butter, Auszugsmehle usw.). Andere versprechen mit Nahrungsmitteln Heilerfolge: »Täglich ein Apfel gegen Herzinfarkt«, und auch mit Begriffen wie »biologisch«, »vollwertig« und »vitalstoffreich« lassen sich gute Geschäfte machen.

Die Regeln für eine vernünftige, vollwertige Ernährung definiert die Deutsche Gesellschaft für Ernährung (DGE) nach den neuesten wissenschaftlichen Erkenntnissen. Die DGE vertritt praxisnahe und durchführbare Richtlinien, die keine fanatischen Außenseiter-Kostformen darstellen. Jedes Jahr erscheinen die zehn wichtigsten Regeln in einer neuen Formulierung und den neuesten Erkenntnissen angepasst in kostengünstigen Broschüren, die teilweise auch gratis bei Krankenkassen und anderen Gesundheitsinstitutionen ausliegen oder direkt bei der DGE angefordert werden können.

Auch eine glutenfreie Ernährung, die nach diesen Richtlinien zusammengestellt wird, bietet alle Nähr- und Wirkstoffe, die der Mensch braucht. Gluten selbst ist zwar technologisch wertvoll und unabdingbar für einige Backeigenschaften der herkömmlichen Getreidemehle, jedoch für die Ernährung des Menschen nahezu wertlos. Dieser Teil des Getreideeiweißes enthält wenig hochwertige Eiweißbausteine und man kann getrost darauf verzichten. Auch Nichtbetroffene können sich ohne Gluten ernähren, ohne irgendeinen Mangel zu erleiden.

Vor Jahren, als die Entwicklung von glutenfreien Spezialprodukten noch am Anfang stand, gab es fast ausschließlich reine Stärkebrote. Zum Erhalt dunklerer Brotsorten wurde gefärbt. Heute gibt es auch glutenfreie Vollkornbrote, Müslimischungen und andere körnige Leckereien, sodass die Sorge um eine ausreichende Versorgung mit Ballaststoffen nicht nötig ist.

Die glutenfreie Ernährung soll nicht nur den Richtlinien einer vollwertigen Ernährung folgen. Sie soll außerdem abwechslungsreich und schmackhaft gestaltet sein. Nur eine Diät, die nicht eintönig ist und schmeckt, kann dauerhaft eingehalten werden. Verwenden Sie alle Ihnen zur Verfügung stehenden Nahrungsmittel, greifen Sie auch auf Rezepte aus fremden Ländern zurück. Wandeln Sie Ihre eigenen Lieblingsrezepte auf glutenfreie Art ab.

Verwenden Sie ausschließlich reine Gewürze, keine Mischungen. Falls Sie Brühwürfel zum Abschmecken verwenden, wählen Sie diese

Ernährungsbeispiel für einen Tag

Frühstück	Anmerkungen
1 glutenfreies Brötchen	
1 Scheibe glutenfreies Brot	selbst gebacken oder Fertigprodukt
Butter oder Margarine	Auch bei Laktose-Intoleranz wird Butter oft vertragen
Marmelade oder Honig	immer glutenfrei
1 Ei oder 1 Scheibe Gouda	Ei nur 2x pro Woche
1 Glas Orangensaft	immer glutenfrei

Zwischenmahlzeit	
4 EL glutenfreie Müslimischung	selbst gemixt oder Fertigprodukt
Nüsse, Rosinen nach Wunsch	immer glutenfrei
Frisches Obst nach Saison	immer glutenfrei
Milch, Sahne oder Naturjoghurt	bei Laktoseintoleranz Fruchtsaft oder Sojadrink (nach DZG-Liste ausgewählt)

Mittagessen	
Kleiner Salatteller	Salatsauce siehe Rezeptteil
Hirsebratling	siehe Rezeptteil
Salzkartoffeln	immer glutenfrei
Möhrengemüse	in Butter gedünstet oder mit heller Soße (siehe Rezeptteil)
Frisches Obst	immer glutenfrei

Nachmittagsmahlzeit	
Glutenfreier Sandkuchen	siehe Rezeptteil

Abendessen	
Maisgrieß-Pfannkuchen mit Kirschgrütze oder	siehe Rezeptteil
Glutenfreies Körnerbrot	selbst gebacken oder Fertigprodukt
Butter oder Margarine	immer glutenfrei
Emmentaler Käse	immer glutenfrei
Schinkenwurst	ausgewählt nach DZG-Liste
Gewürzgurken	ausgewählt nach DZG-Liste

nach der aktuellen »Aufstellung glutenfreier Lebensmittel« der DZG aus. Versuchen Sie, Ihre gewohnten Speisen ohne großen Aufwand mit glutenfreien Zutaten (Rohstoffen) abzuwandeln. Anregungen zum glutenfreien Kochen und Backen finden Sie in diesem Buch, jedoch können Sie diese mit etwas Fantasie um ein Vielfaches erweitern, ohne dass es konkreter Rezepte bedarf.

Lediglich die uns bereits bekannten glutenhaltigen Getreide sind tabu – Ihrer Fantasie sind ansonsten keine Grenzen gesetzt!

Zusätzliche Unverträglichkeiten

Spruepatienten, insbesondere solche, bei denen es bis zur Diagnosestellung längere Zeit gedauert hat, sollten zu Beginn der glutenfreien Ernährung zusätzliche diätetische Maßnahmen beachten:

Laktose-Intoleranz

Sehr häufig reagiert der Spruebetroffene vorübergehend auch auf Laktose (Milchzucker). Um den Milchzucker für die Aufnahme aus dem Darm ins Blut aufzuspalten, wird ein Enzym gebraucht (Laktase), welches von der Darmschleimhaut gebildet wird. Wenn nun die Darmschleimhaut geschädigt ist, ist auch weniger von dem Enzym vorhanden. Milchzucker kann nicht aufgespalten werden und gelangt nicht ins Blut, sondern in den Dickdarm. Dort ernähren sich Darmbakterien davon und verursachen ganz ähnliche Symptome wie die Zöliakie selbst: Blähungen, Bauchschmerzen, Durchfall …

Ob eine Milchzuckerunverträglichkeit besteht, kann leicht mit einem H_2-Atemtest vom Arzt festgestellt werden. Milchzucker wird als Lösung getrunken und dann in bestimmten Zeitabständen der Wasserstoffgehalt in der Ausatemluft gemessen. Ein hoher Gehalt beweist die Unverträglichkeit von Milchzucker. Je stärker die Unverträglichkeit, umso höher die H_2-Werte. Meistens kommt es auch schon während des Testes zu den bekannten Symptomen.

Spruebetroffene mit einer festgestellten Laktose-Intoleranz sollten vorläufig Milch aus dem Speiseplan streichen. Milch und Milchprodukte sind jedoch sehr wertvoll. Sie sollten nicht unbegründet lange darauf verzichten. Wenn die Darmschleimhaut wieder abgeheilt ist und die Zotten wieder gewachsen sind, ist die Schleimhaut auch in der Lage, wieder ausreichend Laktase herzustellen. Die Enzymproduktion muss jedoch langsam wieder angeregt werden.

Testen Sie nach Verschwinden der Symptome die Verträglichkeit von Milchprodukten in kleinen Mengen aus. Am besten eignen sich am

Anfang gut ausgereifter Käse oder gesäuerte Milchprodukte, wie z. B. Kefir, Joghurt oder Quark, da hier ein Teil des Milchzuckers durch produkteigenes Enzym bereits abgebaut wurde. Die Menge sollten Sie nach und nach steigern, bis auch wieder Trinkmilch ohne Probleme vertragen wird.

In welchem Zeitraum sich die Laktose-Unverträglichkeit bessert, ist individuell sehr unterschiedlich. Selten bleibt die Intoleranz für immer bestehen.

Sicher ist jedoch: Wenn auch der Milchzucker ähnliche Symptome wie Gluten selbst verursacht, so schädigt er doch in keinem Fall die Darmschleimhaut. Häufige Tests auf Wiederverträglichkeit von Milchzucker sind also nicht gefährlich. Die nebenstehende Tabelle soll Ihnen verdeutlichen, dass es sehr wohl Milchprodukte mit unbedeutenden Mengen an Laktose gibt, die Sie auch schon ganz zu Anfang vertragen können.

Für Einladungen und Reisen stehen Enzympräparate zur Auswahl, die Sie in Ihrer Apotheke besorgen können. Laktase ist in Tabletten- oder Tropfenform erhältlich. Die Dosierung sollte individuell ausgetestet werden.

Unverträglichkeit von Fett

Anfänglich kann bei vielen Spruepatienten auch eine Unverträglichkeit auf Fett und stark fettige Nahrungsmittel bestehen. Oft findet sich sogar Fett im Stuhl (Steatorrhö), weil der gereizte Darm nicht in der Lage war, dieses aufzuspalten, mit Gallensäuren zu versetzen und zu resorbieren.

Dennoch benötigt der Betroffene auch »Fett-Kalorien«. In diesen Fällen wird ein Spezialfett verwendet. Dieses lässt sich viel schneller resorbieren und besser ausnutzen. Es gibt dieses Fett als Margarine oder als Öl unter dem Namen »ceres«. Sie erhalten es direkt beim Hersteller. In den meisten Fällen wird dieses Spezialfett während des anfänglichen Krankenhausaufenthaltes eingesetzt und ist danach nicht mehr erforderlich. Falls Sie es dennoch weiter benötigen, finden Sie die Anschrift des Herstellers im Anhang.

Unverträglichkeit von Zucker

Zucker ist sehr wasseranziehend. Sie können sich das vergegenwärtigen, wenn Sie Zucker offen in der Zuckerdose stehen lassen. Nach einiger Zeit verklumpt er, da er das Wasser aus der Umgebung (Luftfeuchte) aufnimmt. Ähnliches findet auch im Darm statt, wenn während einer Durchfallphase stark Zuckerhaltiges gegessen wird. Auch hier zieht der

Laktosegehalt ausgewählter Lebensmittel

Lebensmittel	Laktose-gehalt pro 100 g	Durchschnitt-liche Portionsgröße	Laktose-gehalt pro Portion
Butter	0,7 g	20 g	0,14 g
Trinkmilch 3,5 % Fett	4,8 g	200 ml = 1 Glas	9,6 g
Trinkmilch 1,5 % Fett	4,9 g	200 ml = 1 Glas	9,8
Buttermilch	4,0 g	200 ml	8 g
Joghurt	4,0 g	150 g = 1 Becher	6 g
Kondensmilch 7,5 %	9,6 g	20 ml	1,9 g
Schlagsahne	3,4 g	30 g	1 g
Saure Sahne	3,4 g	10 g anteilig in Soße	0,34 g
Crème fraîche	2,5 g	10 g	0,25 g
Doppelrahm-frischkäse	4,0 g	40 g für 1 Scheibe Brot	1,6 g
Körniger Frischkäse (Hüttenkäse)	in Spuren		0
Mozzarella	in Spuren		0
Speisequark, mager	4,0 g	50 g	2 g
Sahnequark	3,3 g	50 g	1,6 g
Schmelzkäse 30 %	5,7 g	30 g für 1 Scheibe Brot	1,7 g
Scheibletten	5,0 g	25 g = 1 Stück	1,25 g
Gouda	in Spuren		0
Edamer	in Spuren		0
Emmentaler	in Spuren		0
Butterkäse	in Spuren		0
Briekäse	in Spuren		0
Camembert	in Spuren		0
Parmesan	in Spuren		0

Unter laktosefreier Ernährung versteht man einen Gesamtgehalt von bis zu 1 g pro Tag, unter laktosearmer Ernährung 3–5 g pro Tag.

Zucker Flüssigkeit aus der Umgebung an und der Durchfall wird so verstärkt. Fazit: Solange der Durchfall besteht, Zucker möglichst meiden. Das gilt auch für »normale« Durchfallerkrankungen.

Unverträglichkeit von blähenden Speisen

Symptome wie Blähungen und Völlegefühl können durch bestimmte Nahrungsmittel verstärkt oder auch ausgelöst werden. Dazu zählen Kohlsorten, Hülsenfrüchte (Linsen, Bohnen, Erbsen), Zwiebeln, frisches Hefegebäck (auch glutenfreies). Solange Beschwerden bestehen, sollten Sie als Spruebetroffener auf diese Dinge verzichten. Teilweise bereitet auch das glutenfreie Spezialbrot Unannehmlichkeiten, weil der Darm nicht an die Zusammensetzung gewöhnt ist. Die meisten Brote enthalten Quellmittel wie z.B. Guar- oder Johannisbrotkernmehl, die Gluten ersetzen sollen. Diese sind jedoch für Diätanfänger nicht so leicht verdaulich. Daher: Glutenfreies Brot zunächst in kleinen Portionen essen, damit sich der Darm daran gewöhnen kann.

Alle zusätzlichen Diätmaßnahmen sind in den meisten Fällen nur kurzfristig einzuhalten. Auch wenn teilweise massive Beschwerden entstehen, falls diese zusätzlichen Dinge nicht beachtet werden, findet keine Schädigung der Darmschleimhaut durch Milchzucker, zu viel Fett, Zucker oder Blähendes statt. Die Zotten der Darmschleimhaut werden ausschließlich von Gluten zerstört. Ein »Diätfehler« bei den zusätzlichen Unverträglichkeiten kann daher leichter genommen werden und ist gesühnt, wenn die Beschwerden wieder vorbei sind.

Jeder Betroffene hat eine individuelle Zeitspanne, bis er wieder alles – außer Gluten – verträgt.

Diätfehler – Diätpausen – Unklarheiten

Nicht jeder reagiert auf Diätfehler gleich mit den bekannten Symptomen. So stellt sich leicht die Frage, ob es eine von Person zu Person unterschiedliche Gluten-Toleranzgrenze gibt. Bei einigen Betroffenen kommt die Reaktion sofort, auch bei unbeabsichtigten Diätentgleisungen. Starke Durchfälle oder auch Bauchschmerzen und Übelkeit sind die »Quittung«. Andere reagieren nach außen hin erst, wenn sie über längere Zeit glutenhaltige Nahrungsmittel essen. Wieder andere scheinen symptomfrei, auch wenn jahrelange Diätpausen eingelegt werden.

Das Ausbleiben der Symptome ist auch heute noch häufig die Begründung, die Diät versuchsweise abzusetzen. Symptomfreiheit wird fälschlicherweise als Ausheilen der Erkrankung verstanden.Besonders Jugendliche reagieren auf Diätfehler selten mit krassen Symptomen.

Zeichen einer verminderten Nährstoffaufnahme, wie z. B. Vitamin- oder Eisenmangel, werden häufig nicht gleich bemerkt und auch nicht als Krankheitssymptom gewertet. Die Erkrankung scheint ausgeheilt, verschwunden zu sein. Jahre später, wenn man etwa einer besonderen Belastung ausgesetzt ist (z. B. Schwangerschaft, Operation, seelische Belastung), kehren die bekannten Symptome wie aus heiterem Himmel wieder.

Auch bei mir selbst war das der Fall. Meine Diagnose wurde im Kleinkindesalter gestellt. Nach zwölf Jahren glutenfreier Ernährung wurde die Diät probeweise abgesetzt. Ich blieb symptomfrei. Der Arzt vermutete die Ausheilung meiner Zöliakie.

Mit 18 Jahren befand ich mich in meiner Ausbildung zur Diätassistentin. Im Unterricht wurde die Zöliakie behandelt und als »lebenslange Unverträglichkeit der Darmschleimhaut gegenüber dem Klebereiweiß Gluten aus Weizen, Roggen, Gerste und Hafer« definiert. Mehr aus Neugier ließ ich eine Biopsie machen. Symptome wie Durchfall, Bauchschmerzen oder Ähnliches waren nach dem Absetzen der Diät bislang bei mir nicht mehr aufgetreten. Umso größer war meine Überraschung, dass meine Dünndarmschleimhaut an der untersuchten Stelle eine totale Zottenatrophie aufwies.

Erst im Nachhinein wertete ich Zeichen wie Blässe, Müdigkeit und nur geringe Gewichtszunahme trotz großer Kalorienaufnahme als Krankheitszeichen. Im Alter von 19 Jahren wurden mehr als die Hälfte meiner Zähne überkront, da die eigene Zahnsubstanz (Kalk) fehlte – wahrscheinlich auch eine Folge der Diätpause. Außerdem fiel mir die erneute Einstellung auf die glutenfreie Ernährung sehr schwer.

Mir sind zahlreiche vergleichbare Fälle bekannt, sodass ich vor einer Diätunterbrechung aufgrund ausbleibender Symptome nur warnen kann. Die Hoffnung auf eine Ausheilung ist allzu oft trügerisch und unbegründet. Besser ist es, die Zöliakie nach der eindeutigen Diagnosestellung für sich selbst zu akzeptieren. Die glutenfreie Ernährung sollte nach bestem Wissen konsequent eingehalten werden, auch wenn es manchmal »lästig« scheint. Stellen Sie sich Ihren Darm als Registrierkasse vor, die auch kleinste Diätfehler anrechnet.

Trotzdem vermuten Ärzte und Wissenschaftler, dass es bei jedem Betroffenen eine geringe Toleranz gegenüber Gluten gibt. Diese Grenze liegt im Milligrammbereich und auf jeden Fall weit unter der Menge der Glutenaufnahme bei einem Diätfehler.

Auch bei konsequent eingehaltener Diät können kleinste Glutenmengen aufgenommen werden. So kann es z. B. sein, dass sich Spuren von Gluten in einem verarbeiteten Lebensmittel finden, weil auf der gleichen Maschine vorher glutenhaltige Lebensmittel hergestellt wurden.

Zum Thema »kleinste Glutenaufnahme« gibt es viele Fragen und Unklarheiten – z. B. ob die glutenhaltige Hostie, die u. U. jeden Sonntag während des Gottesdienstes verzehrt wird, schädlich ist. Oder ob der Malzanteil handelsüblicher Cornflakes Schaden verursacht. Malz selbst enthält aus der Gerste den Glutenbestandteil Hordein und ist in Form von Malzbier, Bier, Malzbonbons usw. auf jeden Fall zu vermeiden. In Cornflakes kommt das Malz nur in sehr kleinen Mengen als Würzmittel vor. Es gibt Stellungnahmen von Ärzten, die diese Mengen als unschädlich ansehen. Letztlich bleibt es auch hier, wie in vielen ungeklärten Fragen, Ihre eigene Entscheidung, ob Sie malzhaltige Cornflakes in Ihre Ernährung oder in die Ihres Kindes einbauen. Ich selbst habe sehr schmackhafte Alternativen ohne Malzzusatz im Lebensmittelhandel gefunden.

Eine spezielle Problematik bietet die Weizenstärke. Stärke wird bei der Herstellung durch Zentrifugieren und Abfiltern vom Gluten getrennt. Je nachdem wie sorgfältig dieser Prozess während der Produktion durchgeführt wird, ist es möglich, Weizenstärke herzustellen, in der sich auch mit besonders empfindlichen Untersuchungsmethoden kein Gluten mehr nachweisen lässt. Die Nachweisgrenze liegt beim unverarbeiteten Rohstoff zurzeit bei 2 mg/100 g Produkt. Diese sehr saubere Weizenstärke hat einen Resteiweißgehalt von weniger als 0,3 % und wird von den Herstellern speziell glutenfreier Lebensmittel verwendet.

Sehr wenige Betroffene reagieren auf diese Glutenspuren mit Symptomen. Diese besonders empfindlichen Personen (meist handelt es sich um sehr spät diagnostizierte Spruepatienten) sollten eine noch genauere Einhaltung der Diät anstreben, möglichst keine industriell verarbeiteten Lebensmittel essen und auch weizenstärkehaltige Produkte meiden.

Gerade in diesem Bereich sind noch viele Fragen offen. Zur Feststellung kleinster Glutenspuren fehlt eine zuverlässige Analysemethode. Momentan bemühen sich eine Reihe kompetenter Wissenschaftler um die Vereinheitlichung einer solchen Nachweismethode, damit diese in jedem Labor störungsfrei durchgeführt werden kann.

Die aktuellen zugelassenen Verfahren sind noch nicht genau genug. Sie reagieren zum Teil auf unschädliches Eiweiß aus Soja oder Mais und weisen schädliches Gluten in erhitzten Lebensmitteln (z. B. Brot) zum Teil nicht nach. Die Erarbeitung der letztlich gültigen Analysemethode setzt außerdem voraus, dass der kleinste Bestandteil des Glutens entdeckt wird, der für die Schädigung der Schleimhaut verantwortlich ist. Auch an dieser Frage arbeiten zurzeit mehrere Experten. Bis zur Klärung liegt die Entscheidung über die Konsequenz der Diät allein bei jedem Betroffenen.

Glutenfreie Ernährung – praxisnah

Backen mit Spezialmehlen

Jeder, der sich für das Selbstbacken mit glutenfreien Mehlen entscheidet, wird sich an ein paar Eigenarten dieser Mehle gewöhnen müssen. Selbst erfahrene Hobby-Bäcker werden eine Zeit der Umstellung brauchen.

Wie anfangs bereits kurz beschrieben, ist Gluten ein wichtiger Bestandteil im Weizenmehl und sorgt dort für die guten Backeigenschaften: Zusammenhalt, Lockerung, Elastizität usw. Nun, wir müssen ohne dieses Zaubermittel auskommen – und mit etwas Übung und einigen Grundkenntnissen über die glutenfreien Ersatzmehle klappt das sicher auch bald.

Reines Maismehl oder auch pures Reismehl eignen sich eigentlich nur für das Backen mit vielen anderen Zutaten. Hiermit gelingen z. B. Kuchen mit einem geringen Mehlanteil, der dann durch Reis- oder Maismehl ersetzt werden kann. Je mehr Zutaten ein Rezept enthält, umso kleiner ist die Bedeutung des verwendeten Mehles.

Große Bedeutung kommt dem Mehl jedoch in Brotteigen zu. Und hier zeigt sich deutlich, dass Maismehl allein keinen Zusammenhalt bringt. Reismehl macht das Brot schwer und nicht locker genug. Beide Ersatzmehle sind also pur nicht verwendbar – es sei denn für spezielle Rezepturen, die Fladenbrot ergeben.

Hersteller glutenfreier Spezialmehle haben Mischungen ausgetüftelt, die meistens Stärke und ein Verdickungsmittel (Guarkernmehl oder Johannisbrotkernmehl) enthalten. Reismehl, Maismehl, Buchweizen oder Soja runden diese Mischungen ab. Als geeignete Stärkesorten gelten Maisstärke, Kartoffelstärke, Tapiokastärke und auch Weizenstärke, sofern sie den Richtlinien der Diätverordnung entspricht. Manchmal enthalten die Mehlmischungen auch Milchpulver, Salz, Zucker und/oder andere Geschmackszutaten. Es gibt glutenfreie Fertigmehle in heller und dunkler Ausführung für Brot, Kuchen, Feingebäcke und auch mit Ballaststoffen und Vitaminen angereichert.

Geschmacklich dürfte für jeden etwas dabei sein – wenn auch der typische Geschmack und Geruch eines Weizengebäckes nicht erreicht werden kann.

In der Anwendung unterscheiden sich die Mischungen der Spezialhersteller ebenfalls erheblich von normalem Mehl; denn die Basis aller Mehlmischungen ist Stärke.

Stärke saugt viel mehr Flüssigkeit auf als Mehl. Zur Herstellung eines Hefe- oder Brotteiges benötigen Sie fast so viel Flüssigkeit wie Trockensubstanz. Das Gebäck wird grundsätzlich schwerer als normales Weizengebäck.

Stärke benötigt zum Aufsaugen der Flüssigkeit viel mehr Zeit. Die Stärke muss quellen. Die Teige haben nach der Ruhezeit eine ganz andere Konsistenz als vorher.

Leider kann die große Flüssigkeitsmenge vom Stärkegerüst der fertigen Backwaren nicht lange festgehalten werden, d. h., glutenfreie Backwaren trocknen wesentlich schneller aus – eine Frischhaltung ist kaum gegeben.

Frisch gebackenes Brot friere ich immer sofort nach dem Auskühlen ein. Dazu wird es vorher in Scheiben geschnitten und portionsweise verpackt. Brotscheiben lassen sich schneller auftauen als ganze Brotlaibe. Und besonders frisch schmeckt es, wenn die gefrorenen Brotscheiben im Toaster aufgetaut werden.

Solange Sie noch ungeübt im Umgang mit glutenfreien Mehlen sind, richten Sie sich beim Backen mit Mehlmischungen am besten nach den Rezepten des jeweiligen Herstellers. Diese Rezepte sind meist mehrfach getestet und zeigen Ihnen, wie die Teigbeschaffenheit sein muss. Die Mischungen der einzelnen Hersteller lassen sich nicht unbedingt problemlos gegeneinander austauschen.

Bitte wiegen Sie auch die Zutaten ab. Schätzen ist zwar zeitsparend und beliebt bei Hobby-Bäckerinnen, führt aber beim glutenfreien Backen oft zu Misserfolgen.

Flüssigkeitsangaben können jedoch auch in diesen Rezepten nur Circa-Werte sein. Die Flüssigkeitsaufnahme von Mischungen kann schwanken (nach meinen Erfahrungen um bis zu 50 ml). Sollte Ihnen der Teig einmal trockner erscheinen als sonst, geben Sie ruhig ein paar Esslöffel mehr Flüssigkeit dazu. Zur Flüssigkeit zählen im Hefeteig Wasser, Milch, Buttermilch, Joghurt, Quark und auch Eier. Bei herkömmlichen Rührkuchen-Rezepten, die ja viel mehr Fett und andere Zutaten enthalten als Hefe- oder Brotteig, genügt oft ein Ei mehr, damit das Gebäck nicht trockener wird als mit Weizenmehl hergestelltes.

Auch Backzeiten können um einige Minuten abweichen. Die Temperaturen der einzelnen Backöfen stimmen keineswegs immer mit den Angaben auf den Reglern überein. Machen Sie deshalb immer eine Garprobe, bevor Sie das Gebäck aus dem Ofen nehmen. Bei Kuchen durch Einstechen mit einem dünnen Holzstäbchen die Gare prüfen. (Es darf dabei kein Teig am Stäbchen hängen bleiben.) Bei Broten klopfen Sie diese mit dem Fingerknöchel ab; ein fertiges Brot klingt hohl. In diesem Fall ist die Garprobe mit dem Holzstäbchen ungeeignet, denn frischer Brotteig bleibt immer am Holz kleben, auch wenn das Brot durchgebacken ist. Sollte ein Gebäck noch nicht gar, aber schon braun sein, decken Sie es mit Alufolie ab, damit die Oberfläche nicht verbrennt.

Flachen Gebäcken (Plätzchen, Kleingebäck, Pizza usw.) sehen Sie an, ob sie fertig sind.

Brot- und Hefeteige trocknen besonders in Heißluftherden leicht aus. Das Gebäckvolumen wird dadurch kleiner, die Oberfläche des Brotes bräunt schlecht und wird unansehnlich. Wenn möglich, backen Sie Brote und Hefeteige ohne Umluft. Falls das in Ihrem Backofen nicht möglich ist, decken Sie die Form oder das Gebäck mit einer leicht gefetteten Alufolie ab, die erst während der letzten Minuten der Backzeit entfernt wird. Es hilft nur wenig, eine Schüssel mit Wasser in den Ofen zu stellen, da die Dampfentwicklung zu langsam ist. Ich selbst besprühe mein Brot während des Backvorganges mit Wasser. Dadurch wird die Kruste schöner und knuspriger. Außerdem erzeuge ich am Anfang der Backzeit durch Ausgießen einer halben Tasse Wasser auf dem Backofenboden einen Dampfstoß. Geben Sie jedoch auf keinen Fall Wasser zu Rührteigen oder Biskuit. Durch die Dampfentwicklung würden die Gebäcke zusammenfallen.

Rohstoffe zum Backen und Kochen

Die Grundrohstoffe der verschiedenen glutenfreien Mehlmischungen sind auf den Verpackungen der Mischungen immer wieder nachzulesen. Schnell gewöhnt man sich an Begriffe wie Guarkernmehl, Tapiokastärke, Johannisbrotkernmehl und Ähnliches. Hier werden die einzelnen Rohstoffe etwas genauer unter die Lupe genommen. Sie können nachlesen, woher einige nicht so bekannten Stärkesorten kommen, welche Bedeutung den Verdickungsmitteln zukommt und welche Backeigenschaften die einzelnen Zutaten dem Mischprodukt geben.

Reis

Bereits vor 5000 Jahren wurde Reis in China angebaut. Auch heute ist Asien das Hauptanbaugebiet für Reis. Dort zählt Reis zu den Grundnahrungsmitteln, er wird jedoch weltweit gegessen.

Bei manchen Völkern nimmt Reis eine Sonderstellung ein. Er wird zum Teil als heilig verehrt, Sagen ranken sich um das Reiskorn und der Anbau wird vom Stand der Sterne abhängig gemacht. Hierzulande dient der Reis eher als Beilage und Ergänzung unserer Mischkost. Der Pro-Kopf-Verbrauch in Europa wird auf 3,5 kg im Jahr geschätzt.

Botanisch gesehen ist der Reis ein Grasgewächs. Die Samen der Reispflanze sind von Spelzen umschlossen. Diese werden meist schon im Ursprungsland entfernt. Eine weitere Bearbeitung erfolgt dann im Verbrauchsland. Reis ist in vielen Sorten, Formen und Verarbeitungen auf dem Markt. In Deutschland wird hauptsächlich geschälter, polierter Reis gegessen: Vollreis oder Weißreis.

Dazu wird das Reiskorn in Spezialmühlen von der Samenhaut und dem so genannten Silberhäutchen befreit. Anschließend wird der Reis poliert und mit Stärkesirup oder Talkum glasiert. Das so aufbereitete Reiskorn hat eine Haltbarkeit von bis zu drei Jahren. Dagegen sollte Naturreis nicht länger als drei Monate gelagert werden.

Außer den verschiedenen Sorten von Reiskörnern gibt es einige Reisprodukte, die für die glutenfreie Ernährung von besonderer Bedeutung sind:

Reisflocken eignen sich sehr gut zum Andicken von Soßen und Suppen. Sie sind jedoch auch Grundzutat für ein glutenfreies Müsli. Reisflocken können vorgegart in glutenfreies Brot verbacken werden und sorgen dann für eine längere Frischhaltung. Die Flocken eignen sich auch zur Herstellung von Plätzchen und Kuchen. Entsprechende Rezepturen finden Sie oft auf der Verpackung. Reisflocken ergeben mit Wasser und Salz gekocht einen Schleim, der in der glutenfreien Diät anstelle von Haferschleim verwendet werden kann. Reisschleim ist auch zur Anwendung bei Durchfallerkrankungen geeignet und als Trocken-Fertigprodukt erhältlich. Hier ist das Grundprodukt noch mit wichtigen Salzen (Elektrolyten) angereichert.

Reismehl ist ein leicht verdauliches Produkt. Industriell wird es gerne der Kinderernährung verwendet (Milch-Fertigbreie). Auch in Soßenpulvern ist oft Reismehl verarbeitet. Reismehl lässt sich pur zu Fladenbroten verbacken. In glutenfreien Mehlmischungen ist Reismehl enthalten, weil es im Brot die Feuchtigkeit besser binden kann als reine Stärke. Zu viel Reismehl macht die Gebäcke allerdings schwer. Reismehl können Sie leicht selbst herstellen. Für kleinere Mengen wird der Reis in einer Kaffeemühle vermahlen. Reismehl, welches bereits vor dem Verkauf vermahlen wurde, kann erhebliche Mengen Gluten enthalten, wenn auf der verwendeten Mühle auch andere Getreide vermahlen wurden. Das Selbstmahlen ist daher dem Kauf von fertigem Reismehl vorzuziehen. Wird das Reismehl von Herstellern glutenfreier Produkte angeboten, ist es auf Glutenfreiheit analysiert.

Puffreis, Reisnudeln, Reiswaffeln, Reisgebäck und andere Nebenprodukte sind in großer Anzahl im Handel erhältlich. Oft sind diese Dinge glutenfrei. Achten Sie jedoch auch hier genauso wie bei allen verarbeiteten Lebensmitteln auf die Zutatenaufstellung, lassen Sie eventuell von der DZG beim Hersteller des Produktes die glutenfreie Zusammenstellung bestätigen und beherzigen Sie den Grundsatz glutenfreier Ernährung: »Im Zweifelsfall nie«.

Mais

Mais zählt neben Weizen zu den wichtigsten Getreidearten. Mais wurde bereits 4000 Jahre vor Christi Geburt angebaut, wie mexikanische

Gräberfunde beweisen. In Europa ist Mais besonders in Italien und den Balkanländern beliebt. In Deutschland erobert er nur langsam die Küchen, da es noch immer ungute Erinnerungen an das Maisbrot der Nachkriegsjahre gibt. Von manchen Ärzten wird Mais als schonendes Getreide in der Krankenernährung empfohlen, er spielt jedoch lediglich in der glutenfreien Ernährung eine nachgewiesene therapeutische Rolle.

Mit seinen 2,5–3 m Höhe ist der Mais wohl die größte Pflanze unter den Getreidearten. Botanisch zählt er zu den Grasgewächsen. Die großen, als Maiskolben bezeichneten Fruchtstände sind reihenweise dicht mit gelben Körnern besetzt. Es gibt aber auch weiße, rote, orangefarbene, blaue und violette Körner liefernde Maissorten. Je nach Sorte findet der Mais unterschiedliche Verwendung. Er wird in großem Umfang an Vieh verfüttert, erobert sich jedoch allmählich auch einen Stammplatz in der Küche.

Maismahlerzeugnisse: Nach der Körnung der Mahlerzeugnisse wird unterschieden zwischen grobem Maisgrieß (Kukuruz), mittelfeinem Maisgrieß (Polenta), Maisfeingrieß und Maismehl. Diese Mahlprodukte entstehen bei der Trockenvermahlung von Mais.

Maismehl und Maisgrieß sind wichtige Ausgangsprodukte für die Herstellung von Extrudaten. Dazu werden sie mit Gewürzen und anderen Zutaten gemischt. Die Mixtur wird mit Dampf vorbehandelt und anschließend in einen Kocher gegeben. Dort verkleistert die Maisstärke und wird gummiartig. Unter hohem Druck wird die Masse dann durch Düsen gepresst, sie bläht sich auf und erhält eine poröse Struktur. Nach anschließendem In-Form-Schneiden, Trocknen und Rösten ist das Produkt dann verzehrsfertig. Ein bekanntes Beispiel für ein Extrudat sind Erdnussflips oder Cornflakes.

Maisgrieß eignet sich auch für die Zubereitung von Pfannkuchen, Klößen und Kroketten. In einigen europäischen Ländern wird Maisgrieß zur Herstellung von Bier verwendet. In Italien zählt die Polenta zu den Nationalgerichten. Der Polentagrieß wird mit Wasser und Salz zu einem festen Brei gekocht und dient als Beilage oder Grundlage zu Aufläufen. Verfeinern kann man die Polenta durch Zugabe von Ei, Sahne, Käse, Gewürzen usw.

In Rumänien gilt die Mamaliga, ein steifer Maisbrei aus Maisgrieß, Milch und Quark, als Nationalgericht. In Mittel- und Südamerika sind Tortillas (Maisfladen), ein wichtiges Nahrungsmittel. Wer einmal eine gute Polenta zusammen mit Tomaten, Mozzarella und Basilikum gekostet hat, wird schnell den aromatischen, typischen Maisgeschmack schätzen lernen – hier spreche ich aus eigener Erfahrung.

Maisfeingrieß wird in der Kindernahrungsindustrie für die ersten Milchbreie verwendet. Sie können einen Maisgrießbrei jedoch leicht selbst herstellen.

Maismehl selbst ist ein Hauptrohstoff in der glutenfreien Ernährung. Es ist frei von schädlichem Gluten und dient als Basis bei der Herstellung der verschiedenen Mehlmischungen. Ohne die Zugabe bindender Bestandteile ist Maismehl zur Teigherstellung kaum geeignet. Schon bei der Verarbeitung merkt man, dass es dem Teig an Elastizität und Zusammenhalt fehlt. Reine Maisgebäcke binden auch kaum Feuchtigkeit und werden daher sehr schnell hart und altbacken. In kleinen Mengen den glutenfreien Mehlmischungen zugesetzt gibt Maismehl der Mischung jedoch Griffigkeit und Aroma.

Oft höre ich das Vorurteil, Mais schmecke unangenehm und bitter aus den Gebäcken hervor. Das kann nur dann der Fall sein, wenn das Mehl zu lange, zu warm oder feucht gelagert wurde und der Fettanteil im Maismehl ranzig geworden ist.

Bei Maismehl unterscheidet man nicht den Ausmahlungsgrad wie bei Weizenmehl. Maismehl ist immer ein Produkt des ganzen Maiskornes und enthält zu ca. 4 % auch noch Fett aus dem Keimling. Dieser Fettanteil ist gegenüber Licht, Sauerstoff und Wärme sehr empfindlich. Sie sollten daher Maismehl und auch Maisgrieß nur in kleinen Mengen bevorraten und kühl, trocken und lichtgeschützt lagern. Leider bewährt sich hier der Tipp der frischen Selbstvermahlung nicht. Nur die wenigsten Getreidemühlen für den Hausgebrauch sind dazu geeinet, Maiskörner zu vermahlen. Es werden spezielle Mahlwerkzeuge benötigt – das gilt auch für die Vermahlung im industriellen Maßstab.

Zum Binden von Suppen, Soßen und Puddings wird Speisestärke benötigt. Die Maisstärke steht hier an erster Stelle. Um aus dem Maiskorn die Stärke zu gewinnen, wendet man ein spezielles Verfahren an: Die Körner werden zunächst in schwefelsäurehaltigem Wasser aufgequollen. Anschließend werden sie grob zerkleinert. Der Keimling wird abgetrennt und das Korn danach fein gemahlen. Schalenpartikel und faserige Bestandteile des Kornes werden abgetrennt und ausgewaschen. Der verbleibende Brei wird in Zentrifugen geleitet und dort wird die Maisstärke vom Maiseiweiß getrennt. Die feuchte Stärke wird getrocknet, gesiebt und nochmals feinst vermahlen. Das Maiseiweiß dient zur Herstellung von Speisewürze.

Cornflakes sind das wohl bekannteste Maisprodukt. Ausgangsbasis für die luftigen Flocken ist gereinigter und in Spezialmühlen grob zerkleinerter Mais. Der Keimling wird hier entfernt, das gewährt eine lange Haltbarkeit der Cornflakes. Die Maisgrits (Grieß mit einer Korngröße von mehr als 2 mm) werden mit Zucker, Salz und Malz aromatisiert und anschließend unter Dampfdruck gekocht. Es gibt auch Sorten, die ohne Zucker, Salz und Malz hergestellt werden.

Danach wird das Produkt mit Heißluft getrocknet, gedämpft und schließlich zwischen Walzen zu flachen Flocken zerdrückt. Abschließend werden die Cornflakes nochmals geröstet und bekommen dadurch ihre Knusprigkeit und ihren typischen Geschmack. Manchmal werden die Flocken noch mit Vitaminen angereichert, mit Zucker oder Honig und Nüssen überzogen oder mit anderen Flocken zu Müslimischungen verarbeitet.

Popcorn oder auch Puffmais gewinnt man aus vorgequollenem Mais, der unter Überdruck in einer »Puffkanone« gedämpft wird. Das Maiskorn platzt auf und vergrößert sein Volumen auf ein Vielfaches. Popcorn kann man sowohl gezuckert als auch gesalzen kaufen. Achtung: Popcorn ist nicht immer glutenfrei. Durch den Zusatz von Aromen kann sogar dieses Produkt für uns verboten sein.

Sie können diese Nascherei jedoch auch leicht selbst herstellen. Im Lebensmittelhandel gibt es zu diesem Zweck speziellen Popcornmais. Wichtig ist jetzt noch ein ausreichend großes feuerfestes Gefäß mit einem Glasdeckel. Etwas Pflanzenfett wird gut erhitzt, dann gibt man die rohen, harten Maiskörner zu. Die Körner sollten nicht aufeinander liegen. Wenn die ersten Flocken aufspringen, den Deckel auflegen und fest geschlossen halten, bis das Knallen im Topf beendet ist. Dann vom Herd nehmen und nach Belieben salzen oder zuckern.

Hirse

Die Hirse ist eine weit verbreitete Körnerfrucht. Ihre Heimat ist Zentralasien. Auch in unserer Region wird sie seit alters her angebaut. Man erkennt es an Ortsnamen wie Hirsau, Hirsegger u. Ä. Ein alter Hochzeitsbrauch besteht z. B. darin, der Braut als Symbol des Fleißes Hirsekörner in die Schuhe zu geben.

Botanisch zählt die Hirse zu den Rispengräsern, wie auch der Hafer. Sie bevorzugt sandigen und mineralstoffhaltigen Boden und ist sehr dürreresistent. Sie wird überall da angebaut, wo für den Reis die Feuchtigkeit fehlt.

Am bekanntesten sind die Kolbenhirse, auch italienische Hirse genannt, und die Rispenhirse (auch deutsche oder echte Hirse). Besonders gut kommt die Sorghum- oder auch Mohrenhirse mit großer Hitze und Wassermangel zurecht. Die Perlhirse ist ebenfalls für Nahrungszwecke von Bedeutung. Zur Stärkeherstellung wird vorwiegend eine amerikanische Hirsesorte, Milocorn, genutzt. Aus anderen Sorten wird Alkohol gebraut, in Afrika wird aus Hirse Bier (Marissa) hergestellt.

Hirse besitzt zahlreiche rundliche, kleine Körner, deren Größe und Farbe von der Sorte abhängig sind. Das Hirsekorn ist schützend von Spelzen eingehüllt. Bei der Verarbeitung der Hirse zu Lebensmitteln werden zunächst diese Spelzen entfernt. Auch die hartkieseligen Fruchtschalen des Hirsekorns sind nicht zum Verzehr geeignet. Deshalb wird das Korn geschält. Die geschälten Hirsekörner lassen sich zu Mehl, Grieß oder Flocken weiterverarbeiten. Im Handel ist jedoch meist das ganze geschälte Korn erhältlich.

Als Hirsebrei und Hirsefladen war diese Getreideart lange Zeit für den Menschen ein wichtiges Nahrungsmittel. Heute bereitet man aus den Hirsekörnern eine Beilage, ähnlich wie Reis. Es gibt auch Rezepte für Hirsepuffer oder Pfannkuchen. Hirseflocken werden in Müslimischungen verwendet. Uns Zöliakiebetroffenen gelten sie als Ersatz für Haferflocken und der Einsatz der Hirse kann mit Fantasie stark erweitert werden. Hirseflocken eignen sich als Mehlergänzung zum Kuchenbacken und lockern auch Kartoffelpuffer. Breie und Nachspeisen können damit ebenfalls gut zubereitet werden.

Hirsemehl hat keine guten Backeigenschaften und sollte daher nur in begrenzten Mengen anderen Mehlen zugesetzt werden. Dann jedoch gibt es dem Gebäck einen fein abgerundeten Geschmack und macht die Backwaren knuspriger. Hirsemehl stellen Sie am besten selbst aus den ganzen Körnern her. Aufgrund des hohen Fettgehaltes verdirbt Hirse nach dem Mahlen rasch. Nach nur kurzer Lagerzeit bekommt das Hirsemehl einen unguten, muffigen Geruch und ist dann nicht mehr zu empfehlen.

Der Einsatz von Hirse lohnt aufgrund seiner hohen Nährstoffdichte sehr. Hirse zählt zu den mineralstoffreichsten Getreidesorten und liefert besonders reichlich Kieselsäure, Fluor, Magnesium und Eisen. Hirsediäten werden als Hautkur empfohlen, sollen aber auch für die Zähne, Haare und Fingernägel gut sein.

Geschmacklich bietet die Hirse mit ihren verschiedenen Zubereitungen immer wieder Abwechslung auf dem Speiseplan der glutenfreien Gerichte.

Buchweizen

Die Heimat des Buchweizens ist Kleinasien. Buchweizen, auch Heidekorn genannt, gehört botanisch zu den Knöterichgewächsen und ist damit verwandt mit Rhabarber und Sauerampfer. Die Buchweizenkörner sind in ihrer Zusammensetzung und ihrer praktischen Anwendung dem Getreide so ähnlich, dass der Buchweizen praktisch zu den Getreiden gezählt wird. Die Buchweizenpflanze wächst auch in den norddeutschen Heide- und Torfgebieten. Sie wird zwischen 50 und 80 cm hoch und trägt herzförmige Blätter und weiße oder rosa Blütenkronen. Die Bezeichnung verdankt der Buchweizen seinen Früchten, die wie eine Miniaturausgabe der Bucheckern aussehen. Sie sind 5–6 mm lang, glänzend braun bis silbergrau und dreieckig.

Nach der Ernte wird das Buchweizenkorn geschält und der grünlich braune Kern freigelegt. Sie können Buchweizen als ganzes geschältes Korn kaufen, grob geschrotet als Grütze oder auch als Buchweizenflocken und Buchweizenmehl. Wenn Sie Buchweizenmehl kaufen, sollten Sie sicher sein, dass es auf einer Mühle gemahlen wurde, die nicht für glutenhaltige Getreide verwendet wird.

Buchweizen hat einen charakteristischen, herben Geschmack. Ganzer Buchweizen mit Speckwürfeln in einer Pfanne geröstet schmeckt gut als Beilage zu Fleischgerichten. In vielen vegetarischen Kochbüchern ist Buchweizen die Grundlage für Klöße und Bratlinge. Umgekehrt wird Buchweizengrütze in manchen Regionen der Wurst zugesetzt (z. B. Panhas). Buchweizengrütze kann aber auch gut zu Brei (süß oder pikant), zu Suppeneinlage oder in Aufläufen verarbeitet werden. Aus Buchweizenmehl lassen sich hervorragend Pfannkuchen, Crêpes oder russische Blini zubereiten. Buchweizenmehl können Sie in kleinen Mengen jederzeit unter die Fertigmehle mischen und diese dadurch aufwerten. Buchweizen enthält eine wertvollere Eiweißzusammensetzung als Weizen und liegt im Ballaststoffgehalt ähnlich wie Weizenmehl Type 1050. Der Vitamingehalt ist vergleichbar mit dem anderer Getreidesorten. Buchweizen bietet also eine wertvolle, willkommene Abwechslung auf dem glutenfreien Speiseplan.

Soja

Die Sojapflanze zählt mit zu den ältesten Kulturgewächsen unserer Erde. Die Heimat der Sojapflanze ist Südostasien. Heute wird sie jedoch auch erfolgreich in Europa und hauptsächlich in Amerika angebaut. Soja gehört zur Familie der Hülsenfrüchte. Im Aussehen ist Soja der Buschbohne ähnlich. Die Sojapflanze wird ca. 80 cm hoch. Die dreiteiligen Blätter sitzen an einem dünnen, rotbraunen Stängel. Soja trägt ungefähr 8 cm lange Hülsen, die borstig behaart sind. Die Hülsen enthalten jeweils eine bis vier Bohnen. Es gibt über tausend Sojasorten mit Bohnen in verschiedenen Formen und Farben. Angebaut werden jedoch meist gelbe Sorten.

Aufgrund ihres außerordentlich hohen Nährwertes zählt Soja im Fernen Osten zu den wichtigsten Nahrungsmitteln. In China wurde die Sojapflanze als eine der fünf heiligen Pflanzen verehrt. In alten asiatischen Medizinbüchern steht Soja unter den Arzneimitteln. Bei uns hat Soja erst in den letzten Jahren an Bedeutung gewonnen.

Das Öl der Sojabohne ist ihr wichtigster Bestandteil. Es wird als reines Sojaöl angeboten und ist in einer Vielzahl von Nahrungsmitteln enthalten. Die Fettsäurenzusammensetzung des Sojaöls ist unter gesundheitlichen Gesichtspunkten sehr günstig, daher wird es in der Margarine-Industrie sehr geschätzt. Aber auch das Sojaeiweiß hat große Bedeutung. Es enthält eine besonders hochwertige Aminosäuren-Zusammensetzung. Sojaeiweiß wird zur Anreicherung für eiweißreiche Diätformen verwendet, insbesondere wenn auf tierisches Eiweiß verzichtet werden muss (z. B. bei Milchunverträglichkeiten). Aus Soja wird Sojamilch hergestellt und als Milchersatz verkauft. Auch gibt es schon Sojajoghurt und Sojaquark, bekannt unter dem Namen Tofu. Die Sojakerne werden roh oder geröstet wie Erdnüsse verkauft und können wie diese verwendet werden.

Vermahlene Sojabohnen ergeben ein sehr fetthaltiges Mehl, das jedoch in der Haltbarkeit eingeschränkt ist. Es eignet sich gut als Anreicherung und besondere Geschmackskomponente in glutenfreien Backwaren. Hier kommen auch Sojaflocken und Sojakleie zum Einsatz. Sojabohnen können, wie andere Hülsenfrüchte auch, als Gemüse zubereitet werden. Als spezielle Sojaprodukte aus der asiatischen Küche sind Soja-Würzpaste (Miso), Sojabohnenkeimlinge und Sojasoße bekannt. Die meisten Sojasoßen werden allerdings unter Zusatz von geröstetem Weizen hergestellt und sind daher für die glutenfreie Küche nicht geeignet. Achten Sie beim Einkauf gut auf die Kennzeichung der Sojasoße, bzw. kaufen Sie solche Produkte ausschließlich mithilfe der Aufstellung glutenfreier Lebensmittel der DZG ein. Ich habe auch schon Produkte gesehen, die in der deutschen Kennzeichnung weizenfrei waren und in der englischen Beschriftung »wheat«, also Weizen ausweisen …

Kartoffeln

Kartoffeln sind in der glutenfreien Ernährung ein erlaubtes und wertvolles Nahrungsmittel. Die Kartoffel enthält wichtige Vitamine und eignet sich für die Herstellung vieler Gerichte. Aber nicht nur als Beilage findet die Kartoffel in der glutenfreien Küche Verwendung. Gekochte, zerdrückte Kartoffeln können gut in Brotteigen verbacken werden. Dort sorgen sie für die Frischhaltung der Brote. Es gibt eine Reihe von Rezepturen für Kartoffelkuchen, die entweder gar kein Mehl enthalten oder in nur geringer Menge und so leicht mit glutenfreien Mischungen abgewandelt werden können.

Ein wichtiger Rohstoff für die Herstellung glutenfreier Gerichte ist auch die Kartoffelstärke. In Kuchenrezepten mit vielen Eiern benötigt man oft nur reine Kartoffelstärke, die auch unter dem Namen Kartoffelmehl im Lebensmittelhandel zu finden ist. Biskuitteig gelingt mit Kartoffelstärke pur.

Einige Spezialmehlmischungen für glutenfreie Backwaren enthalten Kartoffelstärke als Hauptstärkeanteil. Diese Mehle sollten nicht zusätzlich mit Stärke verlängert werden, da ein Zuviel an Kartoffelstärke das Gebäck trocken macht. Kartoffelstärke eignet sich zum Binden von Suppen und Soßen. Ich verwende Kartoffelstärke als Streumehl zum Auskneten von Teigen oder zum Ausrollen von Gebäck.

So ist die Kartoffel eine preiswerte, vielseitig verwendbare Zutat beim glutenfreien Kochen und Backen. Probieren Sie es einfach einmal aus.

Maniok

Maniok hat viele Namen. Manche kennen ihn auch unter dem Namen Tapioka oder Cassava. In einer Reihe von Ländern ist Maniok ein Grundnahrungsmittel für die einheimische Bevölkerung. Unter den Weltnahrungsmitteln steht Maniok an sechster Stelle. Besondere Bedeutung hat er für die Stärke-Industrie.

Maniok ist ein mehrjähriger, 2–5 m hoher Strauch. Die Wurzeln sind dicke, lange Knollen, die bis zu 10 kg schwer werden. Pro Pflanze gibt es drei bis acht zusammenstehende Knollen mit bräunlicher, rindenartiger Schale. Die ganze Pflanze ist von langen Milchröhren durchzogen und enthält eine bitter schmeckende Flüssigkeit, welche bei Verletzung des Pflanzengewebes Blausäure freisetzt. Durch Auswaschen, Kochen oder Rösten wird das Gift zerstört. Die Knolle ist dann zum Verzehr geeignet.

Der Geschmack der Maniokknolle ist ziemlich neutral und durch den hohen Stärkegehalt leicht mehlig. Man unterscheidet zwei Gruppen: die süßen Sorten und die bitteren. Die süßen Sorten werden vorwiegend zur Gewinnung von Stärke verwendet. Die Maniokknolle eignet sich – wie gesagt – nicht zum rohen Verzehr. Man kann sie aber waschen, schälen und kochen, in der Pfanne braten oder frittieren. Die gekochten Knollen können auch zu Brei zerstoßen werden und zum Verfeinern von Suppen oder Soßen eingesetzt werden. Der Maniokbrei kann auch zu Fladen verbacken werden. Die eiweißreichen jungen Blätter serviert man als gekochtes Gemüse.

Für die westlichen Industrieländer ist jedoch die Stärkeherstellung von weit größerer Bedeutung. Die Maniok- oder Tapiokastärke findet in vielen Lebensmitteln Verwendung. Man bekommt sie jedoch schwer in kleinen Mengen für den privaten Haushalt. Erhältlich ist sie eventuell in Naturkostläden oder Asien-Shops. Von den Backeigenschaften her ähnelt die Tapiokastärke der Kartoffelstärke.

Quinoa

Es handelt sich hier um eine der ältesten Kulturpflanzen Südamerikas, die lange Zeit in Vergessenheit geraten war. Quinoa (sprich: Kinoa) wurde von den Inkas sehr geschätzt und war neben den Feldfrüchten Kartoffeln und Mais ein wichtiges Grundnahrungsmittel der Inkas. Quinoa galt als Wunderkorn, welches große Kräfte förderte. Der Anbau wurde nach der Eroberung Perus von den Spaniern unter Todesstrafe verboten. Dank einiger mutiger Gesetzesübertreter existiert die Pflanze auch heute noch. Der Anbau wird seit den Siebzigerjahren wieder vorangetrieben und inzwischen auch von staatlicher Seite aus gefördert. Breie und Tortillas aus Quinoa sind heute in Südamerika weit verbreitet.

Die einjährige Pflanze ist sehr anspruchslos. Sie gedeiht auf sandigen, nährstoffarmen Böden und verträgt auch extreme Witterungsbedingungen wie Trockenheit, Kälte oder brennende Sonne. Sie kann leicht ohne Einsatz von Düngemitteln kultiviert werden. Die Körnerfrucht Quinoa ist kein Getreide, sondern ein Reismeldengewächs. Im Aussehen ähneln die Körner der Hirse. Da die Körner ähnlich wie Getreide zubereitet werden, spricht man auch von Inka-Weizen. Es gibt eine große Sortenzahl. Die verwendeten Samen sind unterschiedlich in der Farbe und Größe. In den Handel kommen überwiegend weiße oder gelbe Sorten.

Quinoa ist sehr wertvoll für die menschliche Ernährung. Es enthält hochwertiges Eiweiß, lebensnotwendige Linolsäure und einige Vitamine und Mineralstoffe, insbesondere Kalzium, Eisen und Magnesium.

Quinoa kann küchentechnisch wie Reis verwendet werden. Man kann die Körner zu süßen und pikanten Gerichten verarbeiten. Sie eignen sich für Suppen, als Beilage oder für Aufläufe, aber auch für Müslis oder Desserts. Die Quinoakörner können auch zu Mehl vermahlen oder zu Flocken gepresst werden. So ist Quinoa als Beimischung für Backwaren oder zur Herstellung von Pfannkuchen geeignet. Mit der Wiederentdeckung von Quinoa ist ein interessantes hochwertiges Nahrungsmittel zu uns gelangt, auch und besonders geeignet zur Aufwertung der glutenfreien Gerichte.

Amaranth

Amaranth ist eine Saatfrucht, die aus Mittelamerika kommt. Schon vor 3000 Jahren war Amaranth Hauptnahrungsmittel der mittelamerikanischen Kulturen. Die Pflanzen blühen in mehreren Farben. Sie haben Fruchtstände mit mehreren Seitenzweigen, die bis zu 50 cm lang werden. Der Amaranthsamen wird nicht größer als ein Senfkorn und ist golden, cremefarben oder rosa. Eine Pflanze produziert ca. 50 000 Samenkörner. Die Amaranthsamen sind für die menschliche Ernährung sehr wertvoll. Amaranth ist sehr eiweißreich und das Eiweiß hat eine hohe Wertigkeit.

Amaranth lässt sich sehr vielseitig verwenden. Sie können daraus Suppen, Klöße und Pfannkuchen zubereiten. Auch als Beimischung zu Backwaren und Müsli ist Amaranth beliebt. Amaranth lässt sich auch aufpuffen. So entfaltet sich sein leicht nussiger Geschmack sehr gut. Amaranth und Quinoa werden oft verwechselt. Die Verwendungsmöglichkeiten beider Körner sind auch sehr ähnlich. Das Amaranthkorn ist jedoch viel kleiner und unterscheidet sich auch in der Struktur deutlich von Quinoa.

Pfeilwurzelmehl (auch: Marantastärke oder Arrowroot)

Die Pfeilwurz stammt aus Mittelamerika, wird jedoch auch in Afrika, Indien und anderen tropischen Gebieten kultiviert. Es handelt sich um eine 1–3 m hohe Staudenpflanze, die ausschließlich zur Stärkegewinnung angebaut wird. Die Stärke wird aus den fein zerkleinerten Wurzelstämmen gewonnen, deren Stärkegehalt 20–25 % beträgt.

Pfeilwurzelmehl ist eine feine, weiße Stärke, der Kartoffelstärke sehr ähnlich. Pfeilwurzelmehl wird hauptsächlich als Bindemittel für Suppen, Soßen und Puddings angeboten. Es wird mit kalter Flüssigkeit angerührt und anschließend in kochende Flüssigkeit eingerührt und verkocht sich dann glasig bis durchsichtig. Sie können Pfeilwurzelmehl wie andere Stärke auch zum Backen verwenden.

Saaten (Leinsamen, Sesam, Sonnenblumenkerne)

Der Einsatz verschiedener Saaten in glutenfreien Backwaren bietet eine Aufwertung, vor allem aber geschmackliche Abwechslung. Glutenfreie Saaten können in kleineren Mengen unbearbeitet unter den Teig gemischt werden. Beim Einsatz größerer Mengen (mehr als 5 % vom Mehlanteil) empfiehlt sich das Aufkochen und Quellen des Saatgutes. Die Körner würden ansonsten die benötigte Quellflüssigkeit dem Teig entziehen und die Gebäcke dadurch trocken und bröckelig machen.

Leinsamen, Sesam und Ähnliches kann mit heißer Flüssigkeit überbrüht etwa die dreifache Menge seines Gewichtes aufsaugen und dient vorgequollen als Feuchtespeicher, z. B. in glutenfreiem Brot. Ein so hergestelltes »Körnerbrot« beeinflusst die Stuhlbeschaffenheit und reguliert auf sanfte Art eine leichte Verstopfung. Empfindliche Personen sollten Brote mit einem hohen Saatenanteil zunächst in kleinen Mengen in ihren Speiseplan aufnehmen und die Menge nach persönlicher Verträglichkeit langsam steigern.

Saaten enthalten immer einen relativ hohen Fettanteil und sollten deshalb nicht in großen Mengen bevorratet werden. Sie sind besonders anfällig gegen Verderb (Ranzigwerden) und Ungezieferbefall. Die Lagerung sollte deshalb kühl, trocken und dunkel erfolgen, am besten in einem fest schließenden Gefäß.

Glutenfreie Verdickungsmittel

Zu den Zusatzstoffen mit dem Klassennamen »Verdickungsmittel« zählen zurzeit ausschließlich glutenfreie Rohstoffe. Die drei wichtigsten möchte ich hier näher beschreiben.

Guarkernmehl

Die Guarpflanze wurde ursprünglich als Gartengemüse, als Futterpflanze oder zur Erzeugung von Guarbohnen angebaut. Die Bedeutung des Guarkernmehles erkannte man erst im 20. Jahrhundert. Heute wird Guar im Wesentlichen in Indien und Pakistan angebaut. Die Pflanze ist sehr trockenresistent und erreicht eine Höhe von 1–2 m. Die reifen Schoten sind flach, schmal und lang und enthalten sechs bis zehn abgeflachte Guarsamen. Für die Herstellung von Guarkernmehl werden die Samen zunächst aus der Schote herausgetrennt und von Schale und Keimling befreit. Anschließend werden die Samen vermahlen. Die Quellwirkung von Guarkernmehlen ist aufgrund der Sortenvielfalt sehr unterschiedlich.

Die wichtigste Eigenschaft für den Einsatz in Lebensmitteln ist die Aufnahme großer Mengen von Wasser bereits in kaltem Zustand. Guarkernmehle behalten ihr Wasserbindevermögen auch in Säuren und sie sind bis etwa 95 °C hitzestabil. Während des Erhitzens kann die Verdickungswirkung etwas zurückgehen. Sobald das Produkt jedoch Verzehrstemperatur erreicht hat, stellt sich der anfängliche Quellzustand wieder ein.

Guarkernmehl dient in glutenfreien Mehlmischungen als Kleber-Ersatz. Die Menge, die den Fertigmehlmischungen zugesetzt werden darf, ist gesetzlich geregelt. Guarkernmehl kann aber leicht für den privaten Gebrauch beschafft werden. Der Einsatz von zu hohen Mengen Guar, z. B. zusätzlich zu bereits fertigen Mehlmischungen, wirkt sich ungünstig auf Konsistenz und Kau-Eigenschaften von Brot und Gebäck aus. Die Backwaren werden durch zu hohen Guarkernmehl-Anteil gummiähnlich und können nicht richtig aufgehen. Mischen Sie Ihre Mehle für den Hausgebrauch selbst, ist ein Zusatz von 2–5 g Guar auf 100 g Stärke sicher ausreichend.

Außer in Backwaren lässt sich Guarkernmehl auch gut zur Bindung von Tortenfüllungen, Soßen und Desserts verwenden. Bei trockener und nicht zu warmer Lagerung hat das Guarkernmehl eine Haltbarkeit von einem Jahr. Bei Umstellung von normalem Brot auf glutenfreie Backwaren mit Guarkernmehl kommt es gelegentlich zu Blähungen und Völlegefühl. Guar enthält einen hohen Teil an Ballaststoffen und daran muss sich der Darm zunächst gewöhnen. Stellen Sie bei sich diese Schwierigkeiten fest, sollten Sie die Brotmenge langsam steigern und zur Bindung von Speisen Stärke oder andere Verdickungsmittel verwenden. Guarkernmehl trägt als zugelassener Zusatzstoff die E-Nummer 412, kann aber auch nur mit dem Hinweis »Verdickungsmittel« kenntlich gemacht werden.

Johannisbrotkernmehl

Der Johannisbrotbaum findet die besten Wachstumsbedingungen im Mittelmeerraum. Nach einer Legende soll sich Johannes der Täufer in der Wüste von den Früchten dieses Baumes ernährt haben, weshalb der Baum diesen Namen trägt. Der Johannisbrotbaum wird bis zu 10 m hoch. Seine reifen Früchte, 10–20 cm lange, braune Schoten mit jeweils fünf bis sechs Kernen, dienen vielfach auch heute noch der einheimischen Bevölkerung als eiweiß- und zuckerreiches Nahrungsmittel.

Für die Gewinnung von Johannisbrotkernmehl bricht man die Schoten maschinell auf und entfernt die Kerne. Diese werden geteilt, vom Keimling getrennt und anschließend vermahlen. Durch unterschiedliche Sorten, Wachstumsbedingungen und Verarbeitung gibt es große Qualitätsunterschiede von Johannisbrotkernmehlen.

Auch bei diesem Verdickungsmittel ist die Haupteigenschaft das Binden von großen Flüssigkeitsmengen. Im Gegensatz zum Guarkernmehl quillt Johannisbrotkernmehl in kalten Flüssigkeiten nur unvollständig und langsam. Die beste Wirkung wird erzielt, wenn das Johannisbrotkernmehl erhitzt wird. Beim Abkühlen der Lebensmittel bleibt die Verdickung erhalten. Zur besseren Verarbeitung sollte Johannisbrotkernmehl vor dem Einrühren in Flüssigkeiten zunächst mit etwas Salz oder Zucker vermischt oder in Öl angerührt werden. Dadurch wird Klumpenbildung in den Speisen vermieden.

Johannisbrotkernmehl trägt als zugelassener Zusatzstoff die E-Nummer 410, kann aber auch nur durch den Klassennamen »Verdickungsmittel« kenntlich gemacht werden.

Xanthan

Auch dieses Verdickungsmittel findet Einsatz in glutenfreien Fertigmehlen. Es ist jedoch nur schwer für den privaten Gebrauch erhältlich. Xanthan wird durch bakteriellen Abbau von Zuckerstoffen gewonnen. Die Verdickungseigenschaften sind ähnlich den Quellmehlen, jedoch macht Xanthan die Bindung nicht so zäh und gummiartig. Xanthan ist mit der E-Nummer 415 oder dem Klassennamen »Verdickungsmittel« gekennzeichnet.

Glutenfreie Ballaststoffe

Ballaststoffe sind wichtige Bestandteile unserer Nahrung. Sie binden Wasser und quellen auf. Der entstehende »Füllungsdruck« führt zu einem Sättigungsgefühl im Magen und regt darüberhinaus die Darmtätigkeit an. Ballaststoffe sorgen außerdem für eine lockere Stuhlbeschaffenheit und können auch Giftstoffe und Cholesterin binden. Laut Empfehlung der DGE ist eine Aufnahme von 30 g Ballaststoffen pro Tag erforderlich.

Ballaststoffe sind meist Gerüstsubstanzen von Pflanzen und kommen insbesondere in rohem Obst und Gemüse vor, jedoch auch in Getreide, Nüssen und Saaten. Ohne einen Anteil an Vollkorngetreide ist es schwierig, den Ballaststoffbedarf mit der normalen Ernährung zu decken. Deshalb sollte gerade beim glutenfreien Kochen auf die vorher beschriebenen Körner zurückgegriffen werden. Die Verwendung von glutenfreiem Körner- und Vollkornbrot ist dann empfehlenswert, wenn durch den Verzehr keine Beschwerden ausgelöst werden.

Wird aus Geschmacksgründen meist helles glutenfreies Brot mit hohem Stärkeanteil verwendet, gibt es die Möglichkeit, den Ballaststoffgehalt durch isolierte glutenfreie Kleien auf die gewünschte Menge zu steigern. Es eignen sich hierfür speziell aufgearbeitete Sojakleie und auch Maiskleie (erhältlich bei Toseno GmbH, siehe Herstellerverzeichnis). Den Fertigmehlmischungen beigefügt wird auch Erbsen- und Apfelkleie. Diese Kleiesorten sind für den privaten Haushalt in kleinen Mengen nicht erhältlich.

Ein besonders quellfähiger Ballaststoff ist die Zuckerrübenkleie. Sie eignet sich als Beigabe zum Backen, für Müsli und zum Untermischen in Joghurt, Mischgetränke oder Quark. Eine feinkörnige Vermahlungsstufe der Zuckerrübenkleie ermöglicht die Beigabe zu glutenfreiem Paniermehl. Auch in Hackfleischteigen kann diese Kleie als Paniermehlersatz verwendet werden. Die Hackfleischteige werden dadurch gut gelockert. Zuckerrübenkleie erhalten Sie feinkörnig oder als Ballaststoffflocken im Reformhaus.

Ebenfalls im Reformhaus sind »Chufas-Nüssli« (Erdmandelflocken) erhältlich. Die Erdmandel ist eine Knollenfrucht aus Nordafrika, die jedoch in Mitteleuropa kaum bekannt ist. Zu feinen Flocken verarbeitet wird die Erdmandel unter dem Namen »Chufas-Nüssli« als Ballaststoff-Ergänzung angeboten. Die Erdmandelflocken schmecken leicht süß und etwas nussig. Sie können in Backrezepten ähnlich wie gemahlene Nüsse eingesetzt werden, eigenen sich jedoch auch als Zutat zu Müsli oder einfach zu Joghurt, Quark oder Rohkost. Die Erdmandel enthält 26 % Ballaststoffe und ist daher als glutenfreie Ballaststoff-Ergänzung ebenfalls geeignet. Im Gegensatz zu den genannten Kleien werden die Erdmandelflocken wegen des Nussgeschmackes auch gerne von Kindern gegessen.

Zu Beginn einer glutenfreien Ernährung sind Ballaststoffe sehr vorsichtig einzusetzen. In der Gewöhnungsphase kann es zu Blähungen und Bauchschmerzen kommen. Ballaststoffe in vernünftigen Mengen führen aber nicht zu Durchfall. Je nach persönlicher Verträglichkeit sollte die Menge an Ballaststoffen schrittweise aufgebaut werden. Die gleichzeitige Aufnahme von Flüssigkeit ist eine wichtige Voraussetzung für die Wirkung der Ballaststoffe. Zur Einarbeitung in Teige ist es notwendig, größere Mengen an Ballaststoffen vorzuquellen, damit die Flüssigkeit nicht dem Teig entzogen wird.

Bei Verdauungsproblemen (leichter Verstopfung) ist es sinnvoll, die Kleie in Flüssigkeit oder Joghurt einzurühren und sofort zu trinken. Der Quellvorgang soll hier erst im Darm stattfinden. Wird die nötige Flüssigkeitsmenge nicht eingenommen, kann die Gabe von isolierten Kleien zu einer totalen Verstopfung führen. Die Flüssigkeitsmenge sollte etwa zehnmal so hoch sein wie die Menge des Ballaststoffes.

Neues aus der Gentechnik

In Entwicklung ist ein gentechnisch modifizierter Weizen, der zwar noch die Backeigenschaften von glutenhaltigem herkömmlichen Weizen und auch dessen Geschmack aufweisen soll, jedoch kein zöliakie-aktives Gluten mehr enthalten soll. Ob dieses Projekt gelingt und ob es dann auch eine Verbesserung der Lebensqualität für Betroffene nach sich zieht, ist zurzeit völlig ungewiss. Es entsteht dann tatsächlich ein weiteres, wahrscheinlich teures Spezialprodukt »glutenfreier Weizen«, welches in Spezialbäckereien oder vielleicht auch zu Hause weiterverarbeitet wird – Gewinn: maximal eine einfachere Verarbeitung eines Rohstoffes und evtl. ein »normaler Brotgeschmack". Warten wir es ab!

Glutenfreie Küche – ganz normal

Wenn Sie nach einiger Zeit den Umgang mit den glutenfreien Mehlen erlernt haben und Ihnen das Backen leicht von der Hand geht, sollte es in der Küche gar keine Probleme mehr geben.

Glutenfreies Kochen entspricht dem normalen Kochen. Es ist nicht notwendig, für den einzelnen Betroffenen innerhalb einer Familie ein Extramenü zu erstellen. Viele Bestandteile einer Mahlzeit können so verändert werden, dass auch der Rest der Familie glutenfrei mitessen kann – ohne dass es auf Kosten des Geschmackes geht:

- Soßen können auch mit Speisestärke oder Kartoffelmehl gebunden werden. Auch eine »Mehlschwitze« für die holländische Soße lässt sich so zubereiten. Häufig sind auch Fertig-Soßenbinder glutenfrei (hier hilft die Liste der DZG).
- Kartoffelpuffer, Kroketten oder Aufläufe lassen sich ebenso gut mit Kartoffelmehl binden. Kartoffelpuffer werden mit Hirseflocken richtig schön knusprig.
- Panaden funktionieren mit altem glutenfreiem Weißbrot genauso wie mit herkömmlichem. Außerdem gibt es spezielles glutenfreies Paniermehl. Ich selbst paniere Fischgerichte gerne mit schierem Maismehl. Ein weiterer leckerer Ersatz für Paniermehl sind zerstoßene glutenfreie Cornflakes, nach Belieben gemischt mit Mandelblättchen oder Kokosraspeln
- Gemüse lässt sich auch ohne Mehlsoße gut zubereiten. Der feine Eigengeschmack der Gemüsesorten kommt besonders heraus, wenn diese nur in Butter geschwenkt wurde.

● Gebrannte Grießsuppe, Grießklöße oder Grießschnitten und -puddings werden mit feinem Mais- oder Reisgrieß ebenso gut wie mit Weizengrieß.

Viele Gerichte lassen sich leicht und preiswert glutenfrei abwandeln. Oft benötigen Sie nicht einmal die teuren glutenfreien Fertigmehle und Spezialprodukte zum Kochen. Ich akzeptiere gerade noch speziell zubereitete Teigwaren (Nudeln) und das eigene Brotkörbchen für den Betroffenen in der Familie. Hier muss oft schon aus Kostengründen ein wenig getrennt werden. Ich backe für festliche Gelegenheiten gerne Kuchen – für alle glutenfrei! Es gibt so viele Rezepte, die sowieso ohne Mehl zubereitet werden. Aber auch meinem Spezialkuchen merkt niemand einen Diät-Geschmack an.

Bevor Sie einen Extra-Topf für den Zöliakisten in Ihrer Familie aufstellen, überlegen Sie, ob es nicht auch anders geht. Denn glutenfreie Kost ist oft ganz normal!

Zöliakie im Alltagsleben

Wie erklären?

Die Diagnose Zöliakie ruft meist zunächst Unsicherheit und Angst hervor. Es gibt viel Neues zu begreifen. Gewohnheiten müssen umgestellt werden. Nach und nach entwickelt sich eine Art Routine im Umgang mit der Zöliakie im Alltag. Und mit dieser Routine beginnt dann ein sehr wichtiger Prozess: das Akzeptieren der Erkrankung.

Die richtige Einstellung zur Zöliakie ist das Wichtigste, um auch schwierige Alltagssituationen ohne große Probleme meistern zu können. Denn die Zöliakie kann man nicht zu Hause lassen, wenn eine Einladung zum Essen vorliegt. Man kann und sollte sie nicht verstecken – und vor allen Dingen muss sich niemand schämen, Zöliakie zu haben. Sobald ein Betroffener das Haus verlässt, muss er damit rechnen, in Situationen zu geraten, die seine Erkrankung »öffentlich« machen. Dann ist es besonders wichtig, außen stehenden Personen die Zöliakie und die Bedeutung der Diät schnell und sehr einfach zu erklären.

Ich selbst greife meistens auf die nicht ganz korrekte Erläuterung zurück, Zöliakie sei eine »Allergie gegen Mehl«. Je nachdem wie wichtig Einzelheiten für den anderen sind, erkläre ich weiter, dass auch Grieß, Nudeln, Paniermehl und alle sonstigen Dinge, die Mehl enthalten, gemeint sind. Allergien sind heutzutage eine weit verbreitete Misere und diese Erklärung wird von jedem verstanden und akzeptiert. Kommen dann noch Fragen zu Symptomen und Auswirkungen, ist es ja leicht, diese zu erklären.

Es ist nicht immer einfach, anderen verständlich zu machen, dass auch kleinste Mengen Brot, Kuchen usw. schon schädlich sind. Hier herrscht immer noch die Meinung, dass »einmal so gut wie keinmal« bedeutet. Als Betroffener muss man mit Erstaunen, Bedauern, besonderen Bemühungen und leider auch mit Spott und Ignoranz der Umwelt rechnen. Ich selbst habe meistens gute Erfahrungen mit Fremden gemacht, vor allem weil ich mich auf keinerlei Diskussion bezüglich des Sinns der Diät einlasse. Die Frage: »Ist das ansteckend?« hat mich unvorbereitet am meisten getroffen.

Heute komme ich relativ gut mit den Reaktionen der Umwelt zurecht und kann auch, ohne verletzt zu sein, auf sehr persönliche Fragen ruhig antworten. Schrecken Sie vor allen Dingen nicht davor zurück, immer wieder aus sich herauszugehen zu erklären, auch wenn Sie das ein oder andere Mal schlechte Erfahrungen gemacht haben.

Verstecken hilft nichts – die Zöliakie gehört zu uns und wird uns ein Leben lang begleiten. Leben Sie damit!

Zöliakie in Kindergarten und Schule

Ist Ihr Kind von Zöliakie betroffen, scheint die schwierigste Aufgabe darin zu bestehen, die Verwandschaft aufzuklären. Hier stoßen Sie manchmal auf Unverständnis und müssen eindringlich klarmachen, dass auch Omas selbst gebackene Kekse schädliches Gluten enthalten.

Die nächste Hürde tut sich dann auf, wenn der Nachwuchs über einen längeren Zeitraum nicht in Ihrer Obhut ist – also in den Kindergarten oder Hort kommt. Hier gibt es mehrere Personen, die genau über die Zöliakie informiert werden müssen. Ihr Kind kann in diesem Alter noch nicht selbst entscheiden, was es essen darf und was nicht. Es muss aber so weit Bescheid wissen, um nachfragen zu können. Informationsbroschüren der DZG helfen beim Informieren der Gruppenbetreuerinnen. Auch dieses Buch ist sicher eine interessante Informationsquelle für alle, die es genauer wissen wollen.

Das Austauschen der mitgebrachten Brote unter den Kindern kann zu Diätfehlern führen. Trimmen Sie das Kind regelrecht auf das Nachfragen, sobald es etwas essen soll, was nicht von Ihnen, sprich von zu Hause kommt. Klingt das zunächst auch nach Dressur, es ist zum Schutze Ihres Kindes. In modernen Kindergärten werden Plätzchen gebacken und kleine Mahlzeiten selbst zubereitet – warum nicht mit glutenfreiem Mehl arbeiten? Später, wenn Ihr Kind begreifen kann, dass es Nahrungsmittel gibt, die speziell ihm Bauchweh machen, ist die Hauptarbeit geschafft.

Ich habe oft die Erfahrung gemacht, dass gerade Kinder sehr konsequent in der Einhaltung ihrer Diät sind. Sie lernen besonders schnell und akzeptieren die Zöliakie viel leichter als die meisten Erwachsenen. Für Kinder bedeutet diese Erkrankung oft nicht halb so viel Tragik wie für deren Eltern.

Erst in der Pubertät wird die Zöliakie als Störfaktor gesehen. Oft machen Jugendliche in diesem schwierigen Alter ihre ersten bewussten Diätfehler. Der Jugendliche will auf keinen Fall anders sein als die anderen. Das macht sich ja schon in der Einheitskleidung (Jeans, Turnschuhe, Parka) bemerkbar. Dramatisieren Sie solche Diätfehler nicht, aber sprechen Sie mit Ihrem »Pubertäts-Igel« darüber. Laden Sie dessen Freunde doch mal auf eine Party mit glutenfreier Pizza ein, oder veranstalten Sie eine Backfete. Das macht Spaß und ist auch das Chaos in Ihrer Küche wert. Vor allem hilft es Ihrem Sprössling, lockerer mit der Zöliakie umzugehen. Jetzt ist es auch an der Zeit, Ihrem Kind genauere Zusammenhänge zu erklären.

In der Schule muss der Klassenlehrer informiert sein. Es ist gut, wenn das Kind selbst die Möglichkeit hat, seine Mitschüler über die Krankheit zu informieren, z.B. im Rahmen des Sachkunde- oder Biologieunterrichtes.

Stellen Sie Ihr Kind nicht unter eine Glasglocke. Es muss lernen, mit der Krankheit umzugehen. Es muss die Diät begreifen und irgendwann auch selbst glutenfrei backen können (auch die Jungen). Es muss auch lernen, dass eben nicht alle anderen Spezialbrot essen müssen. Je normaler das Leben innerhalb der Familie abläuft, umso leichter ist es für den Betroffenen, auch anderswo mit der Diät klarzukommen – und das gilt nicht nur für Kinder.

Was tun, …

Der normale Zöliakie-Alltag klappt nach einiger Zeit der Einarbeitung und Gewöhnung ganz gut. Es kommt aber häufig zu Situationen, die noch nicht »einstudiert« sind. Hier besteht eine besondere Gefahr, die Diät nicht einzuhalten, allein um nicht aufzufallen. Sie sollten sich bereits vorher solche Situationen ausdenken und sich damit gedanklich auseinander setzen. Hier sind einige Anregungen (zur Nachahmung empfohlen), was ich tue,

… wenn ich eingeladen werde?

Zunächst ist es wichtig zu wissen, ob die Einladung eine Esssituation beinhaltet. Ist das unklar, habe ich zur Sicherheit immer ein paar Scheiben Brot dabei. Das lässt sich problemlos in einer flachen Brotdose in der Handtasche transportieren. Dort bleibt es frisch und bröselt nicht. Handelt es sich um eine Einladung zum Mittag- oder warmen Abendessen, muss auf jeden Fall nachgefragt werden, was auf den Tisch kommt.

Die meisten meiner Bekannten wissen über meine Zöliakie Bescheid. Trotzdem kann auf das Nachfragen nicht verzichtet werden, denn ich kann nicht erwarten, dass meine Freunde bei der Vorbereitung eines Festmenüs von sich aus an meine »Extrawurst« denken. Bei rechtzeitigem Bescheid ist es oft eine Kleinigkeit, Gerichte so zusammenzustellen oder abzuwandeln, dass auch ich alles essen kann. Zum Beispiel kann die Soße dann mit einem glutenfreien Soßenbinder angedickt werden oder die Suppe enthält statt Nudeln eine Reiseinlage. Bei Buffets oder beim Auswärts-Essen ist fast immer etwas für mich dabei. Ich muss nur fragen – und Fragen kostet nichts, schaltet aber Fehlerquellen aus.

Lautet die Einladung »zum Kaffeetrinken«, kündige ich meist als Mitbringsel einen ganzen Kuchen an. Ich wähle ein Rezept aus, das mir gut gelingt, und esse dann selbst von diesem Kuchen. Nichteingeweihte bemerken oft gar nicht, dass es sich um einen Spezialkuchen handelt, und naschen fleißig mit. Ich selbst empfinde es als eine ungenügende Lösung, nur die ein oder zwei Stück meines Kuchens mitzubringen und dann zwangsläufig »dumm angeguckt« zu werden. In ein Café bringe ich natürlich keinen Kuchen mit. Ich greife hier eventuell auf das Eis-Angebot zurück oder schlemme einen Sahne-Baiser. Mandelhörnchen, Florentiner oder auch Makronen sind weitere Ausweichmöglichkeiten. Allerdings sollte hier wieder kurz der Konditor nach der Herstellung gefragt werden, denn bemehlte Bleche bei ansonsten glutenfreier Zusammenstellung sind sonst der Grund für ärgerliche und unnötige Diätfehler. Achtung: Leider gibt es neuerdings auch die gesetzliche Erlaubnis glutenhaltiger Bindemittel zur Verwendung in Eis. Deshalb können wir uns nicht einfach darauf verlassen, das Eis in der Eisdiele oder im Café oder auch am Eiswagen sei grundsätzlich glutenfrei. Hier hilft mal wieder nur: nachfragen!

... wenn ich täglich in einer Kantine essen muss?

Bei der Verpflegung durch eine Betriebskantine kommt es sehr auf die Vielseitigkeit und auf den Willen des Kantinenkoches an. Zunächst sollte das Angebot genau »beäugt« werden: Gibt es ein Salatbuffet? Gibt es Wahlmenü? Gibt es bereits gesonderte Möglichkeiten für Diabetiker oder Abnehmdiät? Wird der Speiseplan rechtzeitig ausgehängt? Je mehr dieser Kriterien erfüllt sind, umso problemloser wird das glutenfreie Essen in dieser Kantine sein. Besteht das Angebot nur aus einem Menü, sind die Chancen einer regelmäßigen, kompletten warmen Mahlzeit in dieser Kantine sehr eingeschränkt. Auf jeden Fall sollte ein ausführliches Gespräch mit dem Koch erfolgen. Wählen Sie dafür einen Termin aus, zu dem auch der Kantinenkoch nicht unter Zeitdruck steht. Erklären Sie Ihre Lage sachlich und eindeutig. Ein solches Gespräch bringt oft sehr viel. Beispielsweise hat nach Rücksprache der Koch den Speiseplan so gekennzeichnet, dass der Betroffene immer wusste, welche Menü-Komponenten für ihn gefahrlos waren. Es ist sehr hilfreich, auch dem Kantinenkoch eine Aufstellung der glutenfreien Lebensmittel zur Verfügung zu stellen – aber bitte immer die aktuelle! Ein Betroffener gelangte mit dem Koch nicht zu einem zufrieden stellenden Ergebnis. Er nahm daraufhin seine Mahlzeiten in einer nahe gelegenen Gaststätte ein und erreichte einen Steuerfreibetrag für diese Sonderausgabe. Genauere Informationen zu diesem Urteil können Sie bei der Geschäftsstelle der Deutschen Zöliakie-Gesellschaft erfragen.

Übrigens: Zöliakiebetroffene junge Männer sind von der Wehrpflicht befreit, da die Bundeswehr nicht in der Lage ist, für glutenfreie Ernährung zu sorgen. Ein ärztliches Attest zum Musterungstermin ist ausreichend.

... wenn eine Urlaubsreise bevorsteht?

Oft sehen Betroffene in der schönsten Zeit des Jahres die meisten Probleme und Gefahren auf sich zukommen. Ich selbst sehe in jeder Urlaubsreise ein kleines Abenteuer und es reizt mich immer wieder, die Möglichkeiten der glutenfreien Ernährung in anderen Ländern auszutesten. Sicher, eine genaue Planung ist erforderlich und ich kann nur dazu raten, früh damit anzufangen. Habe ich mich für ein Zielgebiet entschieden, sollten die Möglichkeiten der Versorgung abgeklärt werden. Ein Ferienappartement mit eigener Kochgelegenheit ist sicher die einfachste und auch die langweiligste Lösung. Überdies ist die Erholung der Hausfrau hier nicht gewährleistet. Wer trotzdem eine Ferienwohnung vorzieht, sollte sich nach Tiefkühlmöglichkeiten für Brot erkundigen – im eigenen Appartement oder bei den Vermietern. Das Brot wird dann bereits zu Hause in Scheiben geschnitten, tiefgefroren und gut verpackt an den Urlaubsort gebracht.

Denken Sie bitte frühzeitig an die Urlaubsreise, damit eine Bestellung bei den Spezialherstellern in Ruhe bearbeitet und ohne Zeitnot an Sie versandt werden kann. Planen Sie dabei auch die Bestellungsbearbeitung mit ein. Manche Hersteller haben Betriebsferien, andere arbeiten während der Urlaubszeit mit halber Besetzung. Liegt Ihr Urlaubsort im Inland, kann die Ware auch direkt an die Ferienadresse geschickt werden. Lieferungen ins Ausland sind oft wegen der langen Lieferzeiten ungünstig. Es ist schon vorgekommen, dass das Paket ankam, als der Betroffene bereits wieder abgereist war. Ersparen Sie sich diesen Ärger und auch die dadurch entstehenden Kosten.

Eine weitere Möglichkeit ist die Auswahl einer Unterkunft, die Diätverpflegung bereits mit anbietet. Eine lange Liste von Anschriften kann hier die Deutsche Zöliakie-Gesellschaft anbieten. Sicher verfügen auch die ausländischen Vereine über eine solche Auflistung. Diese sollte jedoch sehr frühzeitig angefordert werden. Bei den angegebenen Adressen handelt es sich nicht selten um Hotels oder Pensionen, deren Inhaber selbst ein Zöliakie-Kind haben oder selbst betroffen sind. Hier ist der Aufenthalt besonders zu empfehlen, die Möglichkeiten zum Erfahrungsaustausch sind in diesen Häusern Gold wert. Manchmal treffen Sie dort auch andere Gäste, die diese Adresse aus dem gleichen Grund gewählt haben.

Ich persönlich erkunde gerne neue Einkaufsquellen und liebe es, Produkte zu entdecken, die ich nicht täglich esse. Wer sich wie ich mit Vorliebe erst am Urlaubsort mit Spezialbrot und anderen Produkten versorgt, sollte vorher nach Einkaufsmöglichkeiten fragen. Sicher kann Ihnen in Deutschland die regionale Kontaktperson wertvolle Tipps geben. Die Anschrift der Kontaktperson erfahren Sie bei der DZG. Für das Ausland gibt es mit etwas Glück auch eine Reihe wertvoller Hinweise, die am besten über die dortige Gesellschaft erfragt werden.

Achtung beim Einkauf von verarbeiteten Lebensmitteln! Produkte, die in Deutschland glutenfrei hergestellt werden, müssen im Ausland nicht unbedingt ebenfalls glutenfrei sein. So enthält z. B. Wurst in England und Österreich häufig Weizenmehl, Backpulver ist in England und Österreich fast nie glutenfrei und verschiedene Schokoladen werden in der Schweiz unter Zusatz von Weizenmehl hergestellt. Teilweise unterscheiden sich auch namensgleiche Lebensmittel in der Rezeptur von den in Deutschland erhältlichen. Also gilt auch im Urlaub unser Grundsatz: im Zweifelsfall nie! Andererseits bieten viele Länder interessante regionale Spezialitäten, die auch für uns Zöliakisten geeignet sind. Erkundigen Sie sich nach den Verzehrs- und Kochgewohnheiten der entsprechenden Landesbevölkerung. Fragen Sie, wenn Sie nicht ganz sicher sind, ob die Zubereitung auch wirklich ohne Mehl erfolgte. Zur Überwindung der Sprachbarriere bietet die DZG in vielen Sprachen eine Kurzinformation in Scheckkartenformat für den jeweiligen Küchenchef an. Vielleicht übernimmt die Fragerei im Urlaub ja Ihr Partner als besonders nette Geste.

Verhungern muss ein Zöliakiebetroffener in keinem Land. Es gibt immer Möglichkeiten der Ernährung, auch wenn diese mal von den Gewohnheiten abweichen sollten. Auch ein Campingurlaub ohne Gefriertruhe ist möglich. Es gibt eine große Anzahl haltbarer Dauerprodukte (Waffelbrot, Knusperbrot, glutenfreies Knäckebrot, Brot in Folie verschweißt und pasteurisiert usw.), die als Notlösung in Betracht kommen. Haben Sie schon einmal selbst Brot eingekocht? Dazu wird der gewohnte Teig in glatte Einkochgläser oder hohe Wurstdosen gefüllt und in diesen ohne Deckel gebacken. Nach dem Backen die Gefäße in noch sehr heißem Zustand verschließen. Eine nachträgliche Erhitzung ist meist nicht nötig. Das Brot hält sich mehrere Wochen.

Auch die Fahrt zum Urlaubsort ist von Bedeutung. Handelt es sich um eine Auslandsreise, beachten Sie bitte die Zoll- und Einfuhrbestimmungen des jeweiligen Landes. Manchmal benötigt man zur Einfuhr spezieller Lebensmittel ein Attest vom Arzt.

Bei rechtzeitiger Buchung ist auch während einer Flug- oder Schiffsreise die Versorgung mit glutenfreien Mahlzeiten gesichert – manchmal sogar mit glutenfreien Spezialprodukten.

Ich hoffe, ich habe Ihnen eine Reihe von Anregungen für die Gestaltung Ihrer nächsten Urlaubsreise gegeben. Bleiben Sie nur nicht aus Unsicherheit zu Hause! Auch kleine Fehler oder Missverständnisse sind nur zum Lernen da und sollten nicht überbewertet werden. Gute Reise!

... wenn ein Krankenhausaufenthalt nötig wird?

Eigentlich sollte die glutenfreie Ernährung im Krankenhaus kein Problem sein. Es gibt schließlich Fachpersonal (Diätassistenten und Diätköche), die mit Sonderernährung vertraut sein müssen. Trotzdem kommt es gerade bei Aufenthalten im Krankenhaus immer wieder zu Komplikationen. Das liegt an mehreren Dingen: Unter Umständen sind Sie der erste Patient, der in diesem Krankenhaus glutenfrei versorgt werden muss. Das ist besonders in kleinen Häusern keine Seltenheit. Die dort angestellte Diätassistentin muss dann ihr Wissen über die glutenfreie Ernährung aktualisieren. Schließlich ist der Umgang mit dieser Erkrankung für sie nichts Alltägliches.

Brot und andere Spezialprodukte müssen erst besorgt oder gebacken werden. Daher mein Tipp: Setzen Sie sich vor einem geplanten Krankenhausaufenthalt mit der dortigen Küche in Verbindung. Die Diätassistentin hat so Gelegenheit, sich in aller Ruhe auf Ihre Ernährung einzustellen, und kann vielleicht sogar Ihre Lieblingsbrotsorte besorgen. Bei überraschenden Krankenhausaufenthalten bringen Sie am besten eigenes Brot für die ersten Tage mit – oder lassen sich dies in das Krankenhaus nachliefern. Achten Sie selbst darauf, ob bei der Essensverteilung kein Fehler unterlaufen ist, und fragen Sie im Zweifelsfalle nach. Der Weg von der Küche bis zu Ihrem Bett ist weit und es kann immer auch zu Verwechslungen kommen. Sollten Sie trotz aller Vorsorge einmal einen Fehler bei der Zubereitung Ihres Essens entdecken, nehmen Sie bitte unmittelbar Kontakt mit der Diätassistentin auf. Durch ein klärendes Gespräch können weitere Fehler oft verhindert werden. Die wahren Experten für unsere Erkrankung sind wir schließlich selbst und unsere Zöliakie ist nicht gerade die häufigste Krankheit in der Klinik.

... wenn eine Glutenbelastung ansteht?

Hier stellt sich zunächst die Frage: Wann ist eine Belastung mit Gluten angezeigt? Bei eindeutig gestellter Diagnose mittels einer Biopsie und unmittelbarem Ansprechen auf die glutenfreie Ernährung ist die Wiedereinführung von Gluten nicht erforderlich. Mehrere Biopsien zur Bestätigung der Diagnose sind dann auch nicht notwendig.

Eine Glutenbelastung steht dann an, wenn die Diagnose von Anfang an nicht korrekt gestellt wurde, eine Diät auf Probe eingehalten wurde oder bei eigenen Zweifeln an der Richtigkeit der Diagnose. Besonders bei Jugendlichen, die auf Diätfehler nicht typisch reagieren, kommt es häufig zu der Frage, ob die Zöliakie nicht doch ausgeheilt sei.

Vor der Durchführung einer Glutenbelastung ist zunächst eine Biopsie erforderlich. Die Dünndarmschleimhaut sollte nach längerer Zeit der glutenfreien Ernährung optisch und auch funktionell ohne Schäden sein. Dann wird die Belastung über mehrere Wochen unter ärztlicher Kontrolle durchgeführt. Es gibt verschiedene Möglichkeiten der Glutenzufuhr: entweder ein Umsteigen auf Normalkost oder die Einnahme abgewogener Glutenmengen. Gluten gibt es als Pulver unter dem Namen Glidine oder »Gluten pur« zu kaufen. Das Produkt ist relativ geschmacklos und kann unter Speisen und Getränke gemischt werden. Es erfolgt eine Andickung der Speisen. Auf welche Art die Belastung durchgeführt werden soll, klären Sie am besten mit Ihrem Arzt ab. Bei der Methode »Normalkost« ist es wichtig, auf eine ausreichende Menge von glutenhaltigem Brot zu achten.

Wenn Symptome eintreten, oder aber spätestens nach zwei Jahren ohne Eintreten von Symptomen, sollte eine Biopsie zur Kontrolle der Darmschleimhaut erfolgen. Meist sind dann die Unklarheiten beseitigt. Bei 90 % aller Patienten bestätigt sich die Diagnose Zöliakie und die Diät ist dann lebenslang einzuhalten. Wenige Patienten reagieren gar nicht oder sehr langsam auf das Gluten. Aus Gründen der eigenen Sicherheit sind weitere Kontrollen in regelmäßigen Abständen sinnvoll. Als Kontrollmethode dient die Antikörperbestimmung und, falls diese positiv ausfällt, nochmals eine Biopsie.

Ein andauernder Schaden wird durch die einmalige Glutenbelastung nicht verursacht, auch wenn diese mehrere Wochen oder Monate dauert. Der Vorteil der Belastung ist, dass nach eindeutiger Klärung der Diagnose die Diät wieder mit neuer Überzeugung eingehalten werden kann.

... wenn ein Baby geplant oder unterwegs ist?

Seit die Zöliakie nicht mehr als reine Kinderkrankheit angesehen wird, gibt es auch immer mehr Betroffene im so genannten »gebärfähigen Alter«. So werden immer häufiger Fragen nach Risiken für eine Schwangerschaft durch die Zöliakie gestellt. Es gibt nur sehr wenige wissenschaftliche Arbeiten, die sich mit dieser Thematik auseinander gesetzt haben. Folgende Erkenntnisse gelten jedoch als sicher:

- Die Zeit der Fruchtbarkeit ist bei Frauen mit unbehandelter Zöliakie um mehrere Jahre eingeschränkt (späteres Einsetzen der Periode, verfrühtes Einsetzen der Wechseljahre). Für Betroffene mit durchgehender strikter glutenfreier Ernährung gilt diese Einschränkung nicht.
- Zöliakiebetroffene Frauen, die Normalkost essen, werden seltener schwanger als solche unter glutenfreier Diät. Gründe dafür können Mangel an Vitaminen und Spurenelementen sein, jedoch auch Veränderungen im Immunsystem oder im Hormonhaushalt.

Die Schwangerschaft selbst wird ebenfalls durch strikte Einhaltung der glutenfreien Ernährung positiv beeinflusst. Zöliakiebetroffene, die sich nicht an die Diät hielten, erlitten im Vergleich eindeutig mehr Fehlgeburten.

Über Schwierigkeiten durch eine Zöliakie beim Mann konnte ich keine Berichte finden. Diese Erkenntnisse machen sehr deutlich, wie sich die Betroffene mit Kinderwunsch vor und während einer Schwangerschaft zu verhalten hat. Wenn ein Baby unterwegs ist, ist dies eine Höchstleistung des Körpers der Mutter. Dieser sollte daher auch in Höchstform sein. Dazu sollte die glutenfreie Ernährung sehr genau überprüft werden. Auch Situationen, die eine Gefahr von verstecktem Gluten bieten, dürfen nicht nachlässig eingeschätzt werden. Wenn Sie eine Schwangerschaft planen, lassen Sie sich durch einen medizinischen Check-up von Ihrem Arzt bestätigen, dass Ihr Körper keine Mangelerscheinungen aufweist. Während der Schwangerschaft ist die erhöhte Aufnahme bestimmter Vitamine besonders wichtig. Teilweise ist der hohe Bedarf leichter durch vom Arzt verordnete Vitaminpräparate zu decken (z. B. Folsäure). Auf eigene Faust sollten Sie jedoch gar nichts schlucken, auch Vitamine können überdosiert werden und das hat dann im schlimmsten Fall negative Auswirkungen auf Sie oder das Baby. Falls eine Schwangerschaft dann doch mit einer Fehlgeburt endet, muss das nicht unbedingt im Zusammenhang mit der Zöliakie zu sehen sein. Insbesondere wenn die glutenfreie Ernährung wirklich konsequent eingehalten wurde, dürfen Sie sich keine Schuld geben. Ich selbst habe vor der Geburt meiner ersten Tochter drei Fehlgeburten gehabt sowie eine weitere nach meinem zweiten Kind. Ich denke nicht, dass die Zöliakie eine Ursache dafür war. Sehr häufig schützt sich der Körper vor dem Austragen einer Frucht, die nicht richtig angelegt ist, sodass sich das Kind nicht gesund entwickeln könnte.

Ist das Baby dann endlich da, steht die Frage im Vordergrund: »Hat es vielleicht meine Zöliakie geerbt?« Natürlich gibt es ein gewisses Risiko, wenn dieses auch mit ca. 10–15 % für Verwandte ersten Grades relativ gering ist. Doch hat es keinen Sinn, sich damit bereits in den ersten Lebensmonaten des Kindes zu belasten. Entsprechende Untersuchungen können ohnehin erst dann durchgeführt werden, wenn das Kind glutenhaltige Nahrungsmittel (Grießbrei, Brot, Kekse usw.) isst. In der Säuglingsernährung haben diese Dinge erst in der zweiten Hälfte des ersten Lebensjahres einen Platz. Sollten dann Symptome auftreten, die auf eine Zöliakie hinweisen, ist eine Biopsie sicher angezeigt. Bleibt das Kind ohne Symptome und entwickelt sich weiterhin altersgemäß, besteht kein Anlass für eine solche Untersuchung. Allenfalls aus Interesse könnte ein Antikörpertest durchgeführt werden (siehe auch Kapitel »Diagnose«). Durch extralanges Stillen wird die Zöliakie nicht verhindert. falls eine genetische Anlage dazu mitvererbt wurde. Lediglich die Krankheitszeichen treten dann später auf, sind für Sie eventuell undeutlicher und die Diagnosestellung wird unnötig verzögert.

Meist ist das Kind nicht betroffen. Dann kann es eventuell Probleme beim Füttern von glutenhaltigen Breien geben (Temperaturprobe durch Kosten usw.). Suchen Sie hier die praktische Unterstützung Ihres Partners und bleiben Sie auch bei solchen Versuchungen konsequent in der Einhaltung Ihrer eigenen glutenfreien Ernährung. Und wenn das Kind dann tatsächlich auch betroffen ist, haben Sie einen Verbündeten im Alltag mit der glutenfreien Ernährung und die Chance, Ihrem Kind den Umgang mit der Zöliakie sehr zu erleichtern.

... wenn die glutenfreie Ernährung nicht gleich Wirkung zeigt?

Insbesondere bei kleinen Kindern ist die rasche Reaktion auf die Einführung der glutenfreien Ernährung verblüffend. Manchmal zeigt sich schon nach wenigen Tagen eine Besserung der Laune, die Durchfälle lassen fast schlagartig nach, die Gewichtszunahme erfolgt rasch und anhaltend. In meiner Verwandtschaft heißt es oft: »Man konnte zusehen, wie es dir von Tag zu Tag besser ging.«

Leider haben insbesondere Spruepatienten dieses Glück der schnellen Regeneration nicht. Je länger es bis zur Diagnosestellung gedauert hat, je älter der Betroffene bei der Diagnose ist, umso länger dauert es, bis eine eindeutige Reaktion auf die glutenfreie Ernährung zu verzeichnen ist. Sollte sich die Wirkung jedoch sehr verzögern oder sind die Beschwerden sehr stark ausgeprägt, können Sie einiges tun, um sich die Übergangszeit zu erleichtern:

Stellen Sie sich zunächst die Frage, ob die Diagnose abschließend und korrekt gestellt wurde. Es hat wenig Sinn, eine glutenfreie Ernährung bei Verdacht auf Sprue probeweise einzuhalten. Sie verzögern damit nur die richtige Behandlung einer eventuellen anderen Ursache Ihrer Beschwerden.

Als Nächstes sollten Sie bedenken, dass Ihr Darm schonungsbedürftig ist und es Zeit braucht, bis eventuell vorhandene Entzündungsstellen abgeheilt sind und die Verdauungsenzyme wieder voll zur Wirkung kommen. Es kann auch sein, dass Sie zusätzliche Unverträglichkeiten haben (siehe das Kapitel »Mögliche Begleiterkrankungen und Spätfolgen«). Diese müssen Sie meist selbst herausfinden, da es individuell sehr verschieden ist, wer worauf reagiert. Zu diesem Zweck ist es günstig, ein so genanntes Ernährungstagebuch zu führen. Hierzu benutzen Sie einfach ein kariertes Schulheft, welches Sie in zwei Spalten aufteilen. Tragen Sie in die eine Spalte die Mahlzeiten ein (was haben Sie wann gegessen?), in die andere Spalte tragen Sie evtl. auftretende Beschwerden mit Uhrzeit ein. Außerdem können Sie hier auch die Stuhlgänge vermerken. Wenn Sie dieses Tagebuch konsequent führen, können Sie bald Schlussfolgerungen ziehen, auf welche Mahlzeitenkomponenten Sie reagiert haben könnten. Diese Lebensmittel vermeiden Sie dann, solange es Ihnen noch nicht vollständig wieder gut geht.

Bitte denken Sie auch an die Möglichkeit einer Laktose-Intoleranz und fragen Sie Ihren Arzt, ob ein entsprechender Test gemacht wurde. Die Beschwerden der Laktose-Intoleranz sind denen der Sprue bei Glutenaufnahme so ähnlich, dass oft nicht an diesen Auslöser gedacht wird.

Manchmal sind es jedoch auch die Portionsgrößen der Mahlzeiten, mit denen der Darm am Anfang noch nicht fertig wird. Gerade wenn Sie stark abgemagert sind, wird Ihnen vielleicht empfohlen, jetzt »kräftig zu essen«, damit Sie zu Gewicht kommen. Bitte tun Sie das Ihrem Darm nicht an! Essen Sie kleine Portionen, eher »Portiönchen«, und dafür lieber viel öfter (mindestens alle zwei Stunden etwas). So ist die Auswertung der Nahrung um ein Vielfaches besser, Sie nehen eher zu und das Essen ist bekömmlicher.

All diese Tipps wirken selbstverständlich nur, wenn die Glutenfreiheit der Nahrung bei klarer Diagnosestellung absolut sicher ist. Daher prüfen Sie als Allererstes, ob sich nicht doch irgendwo ein Diätfehler eingeschlichen hat.

Rechtliche Fragen rund um die Zöliakie

Werden Mehrkosten rückerstattet?

Wird die glutenfreie Ernährung korrekt durchgeführt und auch weitgehend der üblichen Ernährung angeglichen, sind Mehrkosten gegenüber einer normalen Mischkost zu erwarten. Der höhere Kostenaufwand ist natürlich abhängig davon, inwieweit in die glutenfreie Ernährung Spezialprodukte eingebaut werden. Eine besondere Stellung nimmt glutenfreies Brot ein. Brot gilt im mitteleuropäischen Raum als Grundnahrungsmittel und ist hier in einer gesunden Mischkost kaum wegzudenken. Eine große Bedeutung unter den Spezialprodukten haben außerdem die glutenfreien Mehlmischungen. Sie dienen zur Eigenherstellung glutenfreien Brotes und anderer Gebäcke. Der Einsatz anderer glutenfreier Spezialprodukte ist an und für sich nicht notwendig. Trotzdem ist es besonders bei der Ernährung von Kindern so gut wie ausgeschlossen, auf Kekse und Kuchen ganz zu verzichten.

Glutenfreie Produkte sind im Vergleich zu herkömmlichen Brot- und Mehlsorten um ein Vielfaches teurer. Isst der Betroffene eine große Menge dieser Erzeugnisse, kann das den Geldbeutel erheblich belasten.

1994 wurde eine neue Mehrkosten-Erhebung veröffentlicht. Der durchschnittliche Aufwand für spezielle Diätprodukte beträgt nach dieser Erhebung in Familien mit einem Betroffenen etwa 120 DM pro Monat. Dieser Betrag deckt jedoch nicht die vollen Mehrkosten ab. Durch den Mehraufwand bei Herstellung und Beschaffung von Diätprodukten und die gezielte Auswahl von Frisch- oder Markenprodukten beim Einkauf und bei der Außer-Haus-Verpflegung steigt der Betrag nach dieser Untersuchung auf rund 380 DM pro Monat.

Es stellt sich die Frage: Gibt es eine Möglichkeit zum Ausgleich anfallender Mehrkosten? Denkbar sind folgende Möglichkeiten:

● Erstattung durch die Krankenkassen: Zurzeit gilt der Grundsatz: Diätnahrungsmittel sind keine Medikamente. Die Kosten für Lebensmittel dürfen von der Kasse nicht getragen werden. Ein Musterprozess wurde mit Unterstützung der DZG gegen eine Krankenkasse geführt und führte zu dem gleichen Ergebnis. Eine Änderung der Sachlage zugunsten Diätbedürftiger ist bei der momentanen finanziellen Situation unseres Gesundheitswesens nicht wahrscheinlich.

● Steuerermäßigung: Die Möglichkeit der Abrechnung eines Diätkostenzuschusses beim Lohnsteuer- oder Einkommensteuer-Jahresausgleich besteht seit einigen Jahren nicht mehr. Eine Abrechnung über die Rubrik »Besondere Belastungen« kann auch nicht stattfinden, weil die Mehrkosten der Diät hier die zumutbare Belastung nicht übersteigen.

Um doch noch zu einer Abrechnungsmöglichkeit zu gelangen, ist es erforderlich, einen Behindertenausweis zu beantragen. Erreicht der Grad der Behinderung (GdB) nach Auffassung des Versorgungsamtes mindestens 50 % oder wird eine »äußerlich erkennbare dauernde Einbuße der körperlichen Beweglichkeit« anerkannt, besteht die Möglichkeit der Abrechnung eines Steuer-Freibetrages. Die Zöliakie oder Sprue alleine ist nicht ausreichend, diese Kriterien zu erfüllen. Es müssen also noch andere Behinderungen (des Gehvermögens oder der Sehkraft) vorliegen, zu denen die Zöliakie dann hinzukommt und mit denen letztlich eine Schwerbehinderung, also ein Behinderungsgrad von 50 %, erreicht wird.

Zöliakie – eine Behinderung?

Das werden sich vor allem diejenigen Betroffenen fragen, die ihre Zöliakie akzeptiert haben. Ich selbst fühle mich nicht behindert und schon gar nicht schwer behindert. Die zurzeit bestehende Möglichkeit, Kosten nur über diesen Weg abzurechnen, empfinde ich als eine ungenügende Lösung. Ist die Schwerbehinderung erst einmal anerkannt, kann der Ausweis im Berufsleben auch zu unliebsamen Überraschungen führen – z. B. bei der Suche nach einer neuen Arbeitsstelle. Wird im Personalfragebogen nach einer vorliegenden Schwerbehinderung gefragt, darf diese nicht verschwiegen werden.

Sinnvoll ist der Antrag auf einen Behindertenausweis eventuell bei Kindern. Denn dort besteht bei Anerkennung der Behinderung auch die Möglichkeit, das Sonderkennzeichen »H« für Hilflosigkeit zu beantragen. Die Hilflosigkeit kann damit begründet werden, dass das Kind nicht in der Lage ist, selbst zu entscheiden, welche Nahrungsmittel schädlich sind. Das Kennzeichen »H« muss regelmäßig neu beantragt werden. Die Anerkennung der Hilfsbedürftigkeit macht einen weiteren Pauschalbetrag abrechnungsfähig.

Wollen Sie auf die Möglichkeit der Abrechnung von Mehrkosten durch die Anerkennung einer Behinderung zurückgreifen, ist der Antrag bei Ihrem Versorgungsamt zu stellen. Sie sollten auf jeden Fall Ihren Arzt informieren, da dieser eingehend zu Ihrem Gesundheitszustand befragt wird. Fällt der Bescheid nach Ihrer Meinung zu Unrecht zu niedrig oder negativ aus, besteht die Möglichkeit eines Einspruches. Gerichtskosten bei einem Sozialverfahren entstehen dem Kläger nicht. Lediglich die Kosten für den Anwalt sind zu übernehmen, falls ein solcher in Anspruch genommen wird und der Kläger den Prozess verliert.

Eine Anrechung der Mehrkosten durch die Zöliakie erfolgt in jedem Falle bei sozial schwach gestellten Personen, die Sozialhilfe beziehen. Die Erkrankung ist dem Sozialamt bekannt zu machen und mit einer ärztlichen Bescheinigung zu belegen.

Glutenfreie Rezepte – allgemeine Hinweise

Im nun folgenden Abschnitt finden Sie eine Anzahl Rezepte aus glutenfreien Rohstoffen. Bewusst wurden für die Backrezepte keine Fertigmehlmischungen verwendet. Diese sind in großer Vielfalt im Angebot (siehe Herstellerverzeichnis) und jeder Hersteller hat seine eigenen, ganz speziellen Rezepte für die hauseigenen Mischungen. Hin und wieder habe ich speziell glutenfreie Produkte mit verwendet, beispielsweise glutenfreien Sauerteig oder Nudelmehl. Die Bezugsquellen der

Produkte finden Sie im Herstellerverzeichnis. Die verwendeten Produkte sind analysiert auf Glutenfreiheit und bieten bei der Verwendung große Vorteile, die nicht durch herkömmliche Grundlebensmittel erreicht werden können. Probieren Sie einfach aus, was Ihnen am besten schmeckt.

Bei den folgenden Rezepten handelt es sich überwiegend um Backrezepte, da hier die meisten Anregungen gebraucht werden. Übliche Backwaren bestehen nun einmal meist aus Weizenmehl und sind damit in unserer glutenfreien Ernährung nicht einsetzbar. Darüber hinaus werden Sie auch Anregungen zur Selbstherstellung von Lebensmitteln finden, die meist ohne große Überlegung als Fertigprodukt verwendet werden (Suppengewürz, Tomatenketchup, Marzipan u. Ä.) Aber auch diese Helfer der schnellen Küche können als Industrieprodukt Gluten enthalten. Sie haben also die Wahl: Auswahl nach der Lebensmittel-Liste der Deutschen Zöliakie-Gesellschaft oder Selbstherstellung.

Zur Herstellung von Hefeteigen wurde standardmäßig Trockenhefe verwendet, da diese immer in der gleichen Qualität zur Hand ist und auch auf Vorrat gelagert werden kann. Außerdem ist die Verarbeitung einfacher, da sie nur mit den trockenen Teigbestandteilen vermischt und nicht in einem Vorteig angerührt werden muss. Selbstverständlich können Sie auch frische Bäckerhefe einsetzen. Ein Päckchen Trockenhefe (7 g) entspricht einem halben Würfel Frischhefe (also 21 g).

Besondere Hinweise sind durch Sternchen gekennzeichnet. Dabei bedeutet:

*1 Zutat nach DZG-Liste aussuchen oder selbst herstellen
*2 bestimmter Hersteller glutenfreier Produkte/siehe Adressenverzeichnis
*3 Bezugsquelle Reformhaus
*4 Bezugsquelle Apotheke

Laktosefreie Rezepte sind besonders gekennzeichnet. Auch Rezepte mit Butter sind für die laktosefreie Ernährung geeignet. Selbstverständlich können Sie jedoch nach Belieben die Butter gegen eine milchfreie Margarine austauschen.

Wiegen Sie die Zutaten insbesondere bei den Backrezepten immer genau ab. Schätzen könnte den Erfolg zunichte machen. Gewürze und Füllungen können Sie natürlich nach Lust und Laune variieren und damit dem Gebäck oder Gericht eine eigene, ganz persönliche Note geben.

Brote, Brötchen, Frühstücks-Extras

Mais-Quark-Brot

20 Scheiben:

375 g	Maisstärke
125 g	Maismehl
1 Päckchen	Trockenhefe
1 TL	Salz
1 TL	Zucker
375 ml	Milch
5 EL	Öl
250 g	Magerquark
1	Ei, Größe M

● Eine Kastenform fetten oder mit Backpapier auslegen. Maisstärke und Maismehl mit der Trockenhefe, Salz und Zucker in einer Rührschüssel vermischen.

● Milch und Öl erwärmen und zusammen mit Quark und Ei unter das Mehlgemisch arbeiten (Handrührgerät/Knethaken). Es entsteht ein dickflüssiger Teig.

● Den Teig in die vorbereitete Form füllen und abgedeckt ca. 30 Minuten ruhen lassen. Zwischenzeitlich den Backofen auf 200 °C vorheizen.

● Die Kastenform nach der Ruhezeit in den heißen Backofen schieben und das Brot 50–60 Minuten backen. Das Brot schmeckt frisch oder in Scheiben getoastet am besten.

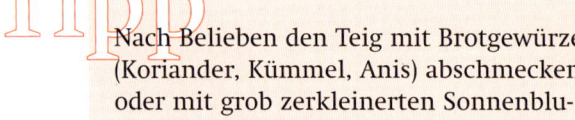

Tipp Nach Belieben den Teig mit Brotgewürzen (Koriander, Kümmel, Anis) abschmecken oder mit grob zerkleinerten Sonnenblumenkernen anreichern.

Nährwerte pro Scheibe à 55 g: 4 g EW, 3 g F, 22 g KH, 131 kcal/548 kJ

Rustikales Kartoffelbrot

15 Scheiben:

250 g	gekochte Pellkartoffeln
250 g	rohe Kartoffeln
150 g	Kartoffelstärke
75 g	Maismehl
50 g	Buchweizenmehl oder Hirseflocken
25 g	Leinsamen
25 g	Sonnenblumenkerne
25 g	Sesam
2 Päckchen	Trockenhefe
2 TL	Salz (gestrichen voll)
1 TL	Zucker

● Die Kartoffeln pellen und noch heiß durch eine Presse drücken. Die rohen, geschälten Kartoffeln fein reiben.

● Stärke, Mehl und Saaten mit der Trockenhefe, Salz und Zucker mischen und aus allen Zutaten einen Teig kneten. Den Teig abgedeckt 30 Minuten ruhen lassen.

● Anschließend nochmals kräftig durchkneten und einen runden Laib formen. Ein Backblech mit Backpapier auslegen und den Brotlaib darauf abgedeckt weitere 30 Minuten gehen lassen.

● Den Backofen auf 200–220°C vorheizen und das Brot im heißen Ofen ca. 1 Stunde backen.

Bei Laktose-Intoleranz geeignet

Tipp

Das Kartoffelbrot hält lange frisch. Der Teig kann natürlich auch in einer Kastenform gebacken werden.

Nährwerte pro Scheibe à 60 g: 3 g EW, 4 g F, 11 g KH, 136 kcal/562 kJ

Maismehlbrot mit Backpulver

20 Scheiben:

350 g	Maismehl
1 Päckchen	weinsteinsaures Backpulver*[1]
100 g	weiche Butter
600 ml	Wasser
	Salz
	evtl. etwas Kümmelpulver

- Eine Backform mit Backpapier auslegen. Den Backofen auf 175 °C vorheizen.

- Maismehl und Backpulver trocken mischen. Butter zufügen und das Wasser langsam einarbeiten, bis ein glatter, weicher Teig entstanden ist. Diesen mit Salz und evtl. etwas Kümmelpulver abschmecken.

- Den Teig in die vorbereitete Form füllen und im vorgeheizten Backofen ca. 50 Minuten backen. In den letzten 5 Minuten der Backzeit die Brotoberfläche mit ein wenig Butter einstreichen, damit das Brot etwas Farbe bekommt.

- Das fertige Brot vorsichtig auf ein dichtes Gitter stürzen und mit einem Tuch bedeckt auskühlen lassen.

Bei Laktose-Intoleranz geeignet

Tipp

Das Maismehlbrot schmeckt am besten noch warm und mit Butter bestrichen. Es eignet sich nicht so gut zum Einfrieren.

Nährwerte pro Scheibe à 50 g: 2 g EW, 5 g F, 12 g KH, 96 kcal/401 kJ

Mischbrot

16 Scheiben:

100 g	*Kartoffelmehl*
50 g	*Reismehl*
50 g	*Maismehl*
2 EL	*Sojamehl oder Kichererbsenmehl*
2 EL	*Buchweizenmehl*
50 g	*glutenfreier Trockensauerteig*²*
10 g	*Nestargel oder Biobin*³, ⁴*
1 Päckchen	*Trockenhefe*
1 TL	*Salz*
250 ml	*Wasser, lauwarm*
2 EL	*Öl*
1 EL	*Zuckerrübensirup*
1 EL	*Öl zum Bestreichen*
1–2 EL	*Buchweizengrütze zum Bestreuen*

- Eine Kastenform mit Backpapier auslegen oder fetten.

- Alle trockenen Zutaten miteinander vermischen. Wasser, Öl und Sirup langsam mit einem Handrührgerät (Knethaken) von der Mitte aus einarbeiten. So lange kneten, bis ein glatter Teig entstanden ist. Diesen in die vorbereitete Kastenform füllen, die Oberfläche glätten, mit Wasser einstreichen und den Teigling 45 Minuten ruhen lassen.

- Den Backofen auf 220 °C vorheizen. Den Teigling nach der Ruhezeit mit Öl bestreichen, nach Belieben mit Buchweizengrütze bestreuen und im heißen Backofen 45–50 Minuten backen.

- Das Brot nach dem Backen auf ein Gitter stürzen und vor dem Anschneiden auskühlen lassen.

Nährwerte pro Scheibe: 2 g EW, 2 g F, 14 g KH, 81 kcal/339 kJ

Toastbrot

20 Scheiben:

150 g	Reismehl
150 g	Kartoffelstärke
50 g	Maismehl
5 g	Biobin oder Nestargel[3, 4]
30 g	Magermilchpulver
20 g	Zucker
1 TL	Trockenhefe
1–1$^1/_2$ TL	Salz
20 g	Butter
300 ml	Milch

- Eine Kastenform fetten. Aus doppelter Alufolie einen Deckel zuschneiden und ebenso einseitig fetten.

- Mehle mit Biobin und Milchpulver trocken vermischen. Zucker, Trockenhefe und Salz zufügen.

- Butter und Milch zusammen erwärmen und langsam mit den anderen Zutaten verkneten (Handrührgerät/Knethaken).

- Den Teig in die vorbereitete Form füllen und satt mit Wasser bestreichen. Den Aludeckel mit der Fettseite nach unten auf der Form befestigen und mit einer Gabel einige Male einstechen. Den Teigling 45 Minuten ruhen lassen.

- Den Backofen auf 200 °C vorheizen. Die Kastenform nach der Ruhezeit mit Deckel in den heißen Ofen geben und das Brot ca. 40 Minuten mit und weitere 10–15 Minuten ohne Deckel backen.

- Das Brot aus der Form auf ein Gitter stürzen und abgedeckt auskühlen lassen. In einem Folienbeutel über Nacht aufbewahren und am nächsten Tag in nicht zu dünne Scheiben schneiden.

Nährwerte pro Scheibe: 2 g EW, 1 g F, 16 g KH, 80 kcal/334 kJ

Rosinenstuten

14 Scheiben:

Margarine für die Form	
2 EL	Mandelblättchen
200 g	Kartoffelmehl
100 g	Reismehl
50 g	Maismehl
3 EL	Pfeilwurzelstärke*³
20 g	Magermilchpulver
2 EL	Sojakleie oder geriebene Nüsse

1 Päckchen	Trockenhefe
4 EL	Zucker
¹/₂ TL	Salz
¹/₂ TL	Stollengewürz*¹, ³ oder Kardamom und Zitronenschale
250 ml	Milch
20 g	Butter
2	Eier, Größe M
80 g	Rosinen

● Eine Kasten- oder Zopfform fetten und mit Mandelblättchen ausstreuen.

● Die trockenen Zutaten in einer großen Rührschüssel miteinander vermischen. Milch und Butter zusammen erhitzen und auf Handwärme abkühlen lassen. Die Flüssigkeit langsam unter das Mehlgemisch arbeiten (Handrührgerät/Knethaken).

● Die Eier zugeben und gründlich unterkneten. Rosinen mit warmem Wasser abspülen und zuletzt in den Teig einarbeiten.

● Den Teig in die vorbereitete Form füllen und abgedeckt 45 Minuten ruhen lassen. Den Backofen auf 200 °C vorheizen.

● Nach der Teigruhezeit den Rosinenstuten im heißen Ofen 45–50 Minuten backen.

● Den Rosinenstuten auf ein Gitter stürzen und abkühlen lassen. Er schmeckt frisch und noch leicht warm mit Butter und Marmelade!

Nährwerte pro Scheibe: 4 g EW, 6 g F, 26 g KH, 180 kcal/753 kJ

Schinkenbrötchen

8 Stück:

100 g	Schinkenspeck*1
1/2	Zwiebel
2 EL	Öl
100 g	Kartoffelmehl
80 g	Reismehl
50 g	Maismehl
2 EL	Buchweizenmehl
30 g	glutenfreier Trockensauerteig*2
8 g	Nestargel oder Biobin*3, 4
1 Päckchen	Trockenhefe
1/2 TL	Salz
250 ml	Wasser, lauwarm

- Schinkenspeck und Zwiebel in sehr feine Würfel schneiden und im heißen Öl anbraten.

- Mehle, Sauerteig, Bindemittel, Hefe und Salz trocken miteinander vermischen. Wasser und Sirup verrühren und langsam unter das Mehlgemisch arbeiten (Handrührgerät/Knethaken).

- Den Teig abdecken und 45 Minuten ruhen lassen. Ein Backblech mit Backpapier auslegen.

- Nach der Ruhezeit den Teig mit Kartoffelmehl aufkneten und den angebratenen Schinkenspeck unterarbeiten. 8 Brötchen formen, auf das vorbereitete Blech setzen und sofort satt mit Wasser einstreichen. Den Backofen auf 220°C vorheizen.

- Wenn der Backofen die Temperatur erreicht hat, die Brötchen mit Öl bestreichen und im heißen Ofen ca. 30 Minuten backen.

Nährwerte pro Portion: 4 g EW, 8 g F, 32 g KH, 214 kcal/897 kJ

Kastanienbrötchen

10 Stück:

100 g	Reismehl
100 g	Kartoffelmehl
50 g	Kastanienmehl
50 g	glutenfreier Trockensauerteig
10 g	Nestargel oder Biobin
1 Päckchen	Trockenhefe
1 TL	Salz
1 TL	Zucker
250 ml	Wasser, lauwarm
2 EL	Öl
1–3 EL	Kartoffelmehl zum Kneten
1 EL	Öl zum Bestreichen

- Alle trockenen Zutaten miteinander vermischen. Wasser und Öl langsam mit einem Handrührgerät (Knethaken) von der Mitte aus einarbeiten. So lange kneten, bis ein glatter Teig entstanden ist. Die Schüssel abdecken und den Teig 45 Minuten ruhen lassen.

- Ein Backblech mit Backpapier auslegen.

- Den Teig nach der Ruhezeit mit etwas Kartoffelmehl aufkneten und in 10 gleichmäßige Stücke aufteilen. Diese zu Brötchen formen und auf das Backblech setzen. Zunächst satt mit Wasser einstreichen und abgedeckt nochmals 15 Minuten ruhen lassen.

- In der Zwischenzeit den Backofen auf 200 °C vorheizen.

- Die Brötchen nach der Ruhezeit mit Öl einstreichen und im heißen Backofen 25–30 Minuten backen.

Bei Lakatose-Intoleranz geeignet

Nährwerte pro Stück: 2 g EW, 1 g F, 30 g KH, 138 kcal/577 kJ

Müsli-Mischung für den Vorrat

10 Portionen:

100 g	Hirseflocken
100 g	Natur-Reisflocken*³
60 g	Buchweizenflocken*³
50 g	glutenfreie Cornflakes*¹
4 EL	Ballaststoff-Flocken aus der Zuckerrübe*²
4 EL	Mandelblättchen
60 g	getrocknete Aprikosen
60 g	Rosinen

- Flocken in einem großen Gefäß mischen. Die Cornflakes mit den Händen leicht zerdrücken.

- Mandelblättchen in einer trockenen Pfanne ohne Fettzugabe leicht anrösten. Aprikosen und Rosinen fein hacken.

- Alles zusammen gut vermischen und in einer ausreichend großen, fest verschließbaren Dose aufbewahren. Vor Gebrauch sollte die Müsli-Mischung aufgeschüttelt werden.

- Pro Portion 50 g der Trockenmischung mit Joghurt oder Milch in einem tiefen Teller mischen und mit frischen geschnittenen Früchten der Saison aufwerten.

Tipp

Selbstverständlich können auch andere Trockenfrüchte oder glutenfreie Flocken und Saaten verwendet werden. Hier entscheidet allein Ihr Geschmack.

Nährwerte pro Portion à 50 g: 4 g EW, 1 g F, 30 g KH, 144 kcal/603 kJ

Hirse-Apfel-Porridge

1 Portion:

250 ml	Milch
30 g	Hirseflocken
1	Ei, Größe M
1 kleiner	Apfel
	Zucker oder Honig nach Geschmack

- Die Milch in einem kleinen Topf zum Kochen bringen. Die Hirseflocken einrühren und aufkochen lassen. Das Ei einrühren. Ohne weitere Wärmezufuhr einige Minuten quellen lassen, dabei ab und zu umrühren.

- Den Apfel vierteln, entkernen, nach Belieben mit oder ohne Schale fein reiben und unter das Porridge heben.

- Nach Belieben süßen, evtl. noch mit etwas Zimt abschmecken und warm essen.

Nährwerte pro Portion: 19 g EW, 17 g F, 64 g KH, 492 kcal/2057 kJ

Bananen-Energie-Start

1 Portion:

1	*reife Banane*
100 g	*Magerquark*
50 g	*Naturjoghurt*
1 EL	*Hirseflocken*
1 EL	*Rosinen*
	Zucker oder Honig nach Geschmack

- Die Banane in einem Suppenteller gründlich mit einer Gabel zermusen.

- Quark und Joghurt untermischen und zuletzt die Hirseflocken zugeben. Nach Belieben mit Zucker oder Honig süßen.

- Die Rosinen zuletzt darüber streuen.

Tipp

Anstelle von Naturjoghurt eignet sich auch nach DZG-Liste ausgewählter Vanillejoghurt. Dann erübrigt sich auf jeden Fall das Nachsüßen. Für die laktosefreie Ernährung kann auch Sojadessert mit Vanillegeschmack verwendet werden. Dann evtl. mit einigen Tropfen Zitronensaft abschmecken.

Nährwerte pro Portion: 17 g EW, 3 g F, 64 g KH, 345 kcal/1442 kJ

Müsli mit Beeren

1 Portion:

1 kleine	Banane
$^1/_2$	Apfel
50 g	gemischte Beeren (frisch oder TK)
150 g	Vanillejoghurt*[1]
2 EL	Hirseflocken
1 EL	Rosinen

● Die Banane und den Apfel sehr fein würfeln. Beerenfrüchte zugeben. Den Vanillejoghurt und die Hirseflocken locker untermischen.

● Rosinen aufstreuen und das Müsli sofort genießen.

Tipp

Anstelle des Vanillejoghurts kann auch Naturjoghurt verwendet werden. Dann nach Belieben süßen und mit gemahlener Bourbon-Vanille abschmecken.

Nährwerte pro Portion: 8 g EW, 6 g F, 64 g KH, 347 kcal/1450 kJ

Joghurt

6 Portionen:

1 l	*frische Vollmilch*
1 Päckchen	*Joghurtferment*[*3]

- Die Milch auf 40–45 °C erwärmen (Temperatur mit einem Thermometer kontrollieren!) und das Ferment einrühren.

- Die warme Flüssigkeit in Joghurtgläschen eines Joghurtbereiters füllen oder in eine Suppen-Thermoskanne (mit weitem Hals), die vorher heiß ausgespült wurde.

- 6 Stunden stehen lassen. (Im Joghurtbereiter nach Anweisung vorgehen). Der so hergestellte Naturjoghurt eignet sich für alle Joghurtspeisen, Salatsoßen als Beigabe in Brotrezepten und 4–5 EL davon auch zum Ansatz eines weiteren Joghurts.

Nährwerte pro Portion: 6 g EW, 6 g F, 7 g KH, 101 kcal/425 kJ

Waffeln, Kuchen, Torten

Mais-Hirse-Waffeln

10 Stück:

1	Orange
150 g	Butter
150 g	Zucker
1 Prise	Salz
4	Eier, Größe M
100 g	Maisstärke
100 g	Maismehl
50 g	Hirsemehl
$^1/_2$ Päckchen	Backpulver
	Puderzucker

● Die Schale der Orange abreiben, den Saft auspressen.

● Butter und Zucker schaumig rühren, bis es nicht mehr knirscht. Salz zugeben. Nacheinander die Eier unterrühren. Orangenschale und -saft zufügen.

● Maisstärke, -mehl und Hirsemehl mit dem Backpulver vermischen und esslöffelweise unterrühren.

● Ein Waffeleisen vorheizen und leicht fetten.

● Den Teig portionsweise zu 10 Waffeln verbacken. Diese auf einem Gitter abkühlen und mit Puderzucker bestäubt servieren.

Bei Lactose-Intoleranz geeignet

Nährwerte pro Stück: 4 g EW, 15 g F, 34 g KH, 291 kcal/1314 kJ

Mais-Mandel-Waffeln

8 Stück:

3	Eier, Größe M
50 g	Butter
2 EL	Honig
200 g	Maismehl
2 EL	Reismehl
200 ml	Wasser
100 g	gehackte Mandeln
etwas	Rum

- Eier, Butter und Honig zusammen schaumig rühren. Mais- und Reismehl vermischen und abwechselnd mit dem Wasser unter die Ei-Schaummasse rühren. Zuletzt die gehackten Mandeln und den Rum zugeben.

- Den Teig 15 Minuten quellen lassen.

- Ein Waffeleisen vorheizen und leicht fetten. Den Teig portionsweise abbacken und die Waffeln auf einem Gitter leicht abkühlen lassen.

Bei Laktose-Intoleranz geeignet

Tipp

Der Mandelgeschmack kommt noch besser zur Geltung, wenn die Mandeln vorher ohne Fettzugabe in einer Pfanne leicht angeröstet werden.

Nährwerte pro Stück: 6 g EW, 13 g F, 20 g KH, 219 kcal/915 kJ

87

Mais-Sahne-Waffeln

8 Stück:

4	Eigelb
100 g	Zucker
$^1/_2$ TL	gemahlene Vanille*3
125 g	Maismehl
125 g	Maisstärke
2 TL	Backpulver
200 ml	süße Sahne
4	Eiklar

- Eigelb mit Zucker und Vanille schaumig aufschlagen, bis die Masse fast weiß ist.

- Maismehl und -stärke sowie Backpulver miteinander mischen und abwechselnd mit der Sahne unter die Ei-Schaummasse rühren.

- Eiklar zu festem Schnee schlagen und zuletzt unterheben.

- Den Teig portionsweise in einem heißen, leicht gefetteten Waffeleisen ausbacken. Die Waffeln auf einem Gitter leicht abkühlen lassen und nach Belieben mit Puderzucker bestäubt servieren.

 Tipp

Sehr gut schmecken hierzu angedickte warme Kirschen und kalte Vanille-Schlagsahne.

Nährwerte pro Stück: 5 g EW, 10 g F, 33 g KH, 239 kcal/1000 kJ

Eiswaffeln

12 Stück:

3	*Eier, Größe M*
100 g	*Puderzucker*
$^1/_2$ TL	*gemahlene Vanille*[*3]
1 Prise	*Salz*
50 g	*Maismehl*
50 g	*Kartoffelmehl*
	Fett für das Waffeleisen

- Eier, Puderzucker und Vanillepulver sehr schaumig rühren. Es entsteht eine hellgelbe Eicreme.

- Salz und Mehle mischen und esslöffelweise unter die Eicreme rühren.

- Ein Hippen- oder Oblateneisen (flache Backfläche) aufheizen und leicht fetten. Den Teig esslöffelweise goldbraun ausbacken.

- Die fertigen Oblaten sofort vom Eisen nehmen und mit den Fingerspitzen zu Tüten aufdrehen. Einen Moment lang festhalten, dann zum Auskühlen auf ein Gitter legen. Die Oblaten erstarren beim Abkühlen und lassen sich nachträglich nicht mehr formen.

Bei Lactoseintoleranz geeignet

Nährwerte pro Stück: 2 g EW, 2 g F, 14 g KH, 77 kcal/320 kJ

Zimtwaffeln

24 Stück:

150 g	Butter
150 g	brauner Zucker
$\frac{1}{2}$ TL	gemahlene Vanille
3	Eier, Größe M
125 g	Reismehl
125 g	Maismehl
2 TL	Zimt
1 Msp.	Kardamom
	Fett für das Waffeleisen

● Butter, Zucker und Vanille cremig rühren. Die Eier nach und nach zugeben. Mehle und Gewürze mischen und unter die Butter-Ei-Masse rühren. Den Teig 30 Minuten kalt stellen (geht auch über Nacht).

● Ein Hippen- oder Oblateneisen aufheizen und leicht fetten. Mithilfe von zwei Teelöffeln kleine Kugeln abstechen und im heißen Hippeneisen goldbraun backen.

● Die Waffeln zum Auskühlen direkt auf ein Gitter legen oder in heißem Zustand zu Hippen aufdrehen und dann auf einem Gitter auskühlen lassen.

● Die Zimtwaffeln zur Aufbewahrung in eine gut schließende Blechdose geben.

Bei Lactose-Intoleranz geeignet

Nährwerte pro Stück: 1 g EW, 6 g F, 14 g KH, 110 kcal/460 kJ

Fruchtiger Rührkuchen

16 Stück:

1 kg	Obst nach Wahl oder 1 große Dose (Äpfel, Birnen, Aprikosen o.ä.)
150 g	Butter
150 g	Zucker
$\frac{1}{2}$ TL	gemahlene Vanille
4	Eier, Größe M
1 Prise	Salz
2 Tropfen	Backöl Zitrone
150 g	Kartoffelstärke
50 g	Reismehl
50 g	Maismehl

- Ein Backblech mit Backpapier auslegen. Den Backofen auf 175 °C vorheizen.

- Obst bei Bedarf schälen, entkernen und in feine Spalten schneiden.

- Butter mit Zucker und Vanille cremig rühren. Die Eier eines nach dem anderen zufügen und jedes einzeln gut verrühren. Salz und Backöl zugeben.

- Kartoffelstärke, Reismehl, Maismehl und Backpulver trocken vermischen und esslöffelweise unterrühren.

- Den Teig gleichmäßig auf dem vorbereiteten Backblech verteilen. Die Obstspalten obenauf verteilen und leicht eindrücken.

- Den Kuchen im heißen Backofen bei 175 °C ca. 30 Minuten backen

- Puderzucker und Zitronensaft zu einem zähen Guss verrühren und den noch heißen Kuchen damit überziehen.

Bei Lactose-Intoleranz geeignet

Nährwerte pro Stück: 3 g EW, 10 g F, 41 g KH, 261 kcal/1089 kJ

Sandkuchen

14 Stück:

250 g	Butter
250 g	Zucker
¹/₂ TL	gemahlene Vanille
4	Eier, Größe M
3 Tropfen	Backöl Zitrone
1 Prise	Salz
125 g	Reismehl
125 g	Kartoffelstärke
10 g	Nestargel oder Biobin*3
¹/₂ TL	Backpulver
100 g	Zartbitterkuvertüre*1
20 g	Kokosfett

- Butter schmelzen und wieder fest werden lassen. Eine Kastenform mit Backpapier auslegen. Den Backofen auf 175 °C vorheizen.

- Zucker und Vanille mit der Butter weißschaumig rühren. Die Eier nach und nach zufügen. Backöl und Salz unterrühren.

- Reismehl, Kartoffelstärke, Nestargel und Backpulver trocken vermischen und esslöffelweise dem Teig zufügen.

- Den Teig in die vorbereitete Form füllen und im heißen Backofen 50–60 Minuten backen.

- Den Kuchen vorsichtig auf ein Gitter stürzen.

- Kuvertüre und Kokosfett zusammen schmelzen und den noch warmen Kuchen damit überziehen.

Bei Lactose-Intoleranz geeignet

Nährwerte pro Stück: 3 g EW, 20 g F, 36 g KH, 338 kcal/1414 kJ

Nusskuchen

14 Stück:

8	Eigelb
250 g	Zucker
250 g	Haselnüsse, gemahlen
¹/₂ Päckchen	Backpulver*¹
8	Eiklar
	Saft einer Zitrone

- Eine große Kastenform mit Backpapier auslegen oder eine Napf-kuchenform gut fetten.

- Den Backofen auf 175 °C vorheizen.

- Eigelb mit dem Zucker weißschaumig schlagen. Die Nüsse mit dem Backpulver vermengen und esslöffelweise unter den Eischaum ziehen.

- Eiklar mit Zitronensaft zu festem Schnee schlagen und diesen zuletzt unter den Teig heben.

- Den Teig in die vorbereitete Form füllen und sofort im heißen Backofen 40–45 Minuten backen.

Bei Lactose-Intoleranz geeignet

Tipp

Dieser Teig ist auch sehr gut als Torten-grundlage geeignet. Dazu den Teig in einer Springform abbacken.

Nährwerte pro Portion: 6 g EW, 14 g F, 21 g KH, 215 kcal/897 kJ

Marmorkuchen

20 Stück:

200 g	Butter
200 g	Zucker
1/2 TL	gemahlene Vanille*3
6	Eier, Größe M
1 Prise	Salz
200 g	Kartoffelstärke
75 g	Reismehl
75 g	Maismehl
3 TL	Backpulver*1
10 g	Kakaopulver
4–5 EL	Milch
	Puderzucker

● Eine Kranzform gründlich einfetten. Den Backofen auf 175 °C vorheizen. Butter, Zucker und Vanille weißschaumig rühren. Die Eier nacheinander zufügen. Salz dazugeben. Kartoffelstärke, Reis- und Maismehl und Backpulver trocken vermischen und esslöffelweise unter den Teig rühren.

● 2/3 des Teiges in die vorbereitete Form füllen. Den restlichen Teig mit Kakaopulver und Milch braun einfärben. Den braunen Teig auf dem hellen verteilen und mit einer Gabel spiralförmig unterziehen.

● Den Kuchen im heißen Ofen ca. 50 Minuten backen. Auf einem Kuchengitter auskühlen lassen und mit Puderzucker bestäuben.

Bei Lactose-Intoleranz geeignet, wenn für den dunklen Teig Sojadrink anstelle der Milch verwendet wird

Der dunkle Teig kann auch mit 1-2 EL Rum aromatisiert werden.

Nährwerte pro Portion: 3 g EW, 10 g F, 25 g KH, 205 kcal/855 kJ,

Rotweinkuchen

20 Stück:

$1/_8$ l	Rotwein
200 g	Blockschokolade*1
250 g	Butter
250 g	Zucker
5	Eier, Größe M
250 g	Maismehl
$1/_2$ Päckchen	Backpulver*1
200 g	Zartbitter-Kuvertüre
40 g	gehobelte Mandeln

- Rotwein und Blockschokolade langsam zusammen erwärmen, bis die Schokolade geschmolzen ist.

- Eine Napfkuchenform ausfetten und den Backofen auf 175 °C vorheizen.

- Butter mit Zucker schaumig schlagen und nacheinander die Eier unterrühren. Zunächst den abgekühlten Schoko-Rotwein zur Crememasse rühren, dann das Maismehl mit dem Backpulver mischen und esslöffelweise zufügen.

- Den Teig in die vorbereitete Form füllen und im vorgeheizten Backofen 50–60 Minuten backen.

- Den Kuchen auf einem Gitter auskühlen lassen und mit Kuvertüre überziehen. Die gehobelten Mandeln auf die noch feuchte Kuvertüre streuen.

Bei Lactose-Intoleranz geeignet

Als besondere Gewürznote in den Schokolanden-Rotwein 1 gestrichenen TL Zimt einrühren.

Nährwerte pro Portion: 4 g EW, 19 g F, 34 g KH, 329 kcal/1376 kJ,

Käsekuchen

12 Stück:

5	Eier, Größe M
250 g	Butter
250 g	Zucker
1 Prise	Vanillezucker
1 kg	Sahnequark oder Schichtkäse
2 Päckchen	Vanillepuddingpulver*¹
1 TL	Backpulver*¹

- Den Boden einer Springform mit Backpapier auslegen, den Rand leicht fetten. Den Backofen auf 175 °C vorheizen.

- Die Eier trennen.

- Butter mit Zucker und Vanillezucker cremig rühren, Eigelbe zufügen. Wenn die Masse nicht mehr körnig ist, Sahnequark unterrühren. Vanillepuddingpulver und Backpulver einrühren.

- Die Eiklar zu festem Schnee aufschlagen und zuletzt unter die Quarkcreme ziehen.

- Den Teig in die vorbereitete Form füllen und glatt streichen. Sofort in den vorgeheizten Backofen geben und ca. 1 Stunde backen. Backofen ausschalten und einen Spalt breit öffnen.

- Den Kuchen zusammen mit dem Backofen abkühlen lassen und dann vorsichtig aus der Form lösen.

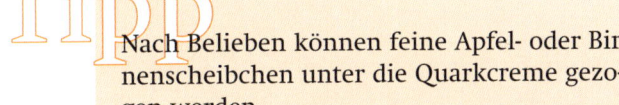

Tipp Nach Belieben können feine Apfel- oder Birnenscheibchen unter die Quarkcreme gezogen werden.

Nährwerte pro Portion: 12 g EW, 29 g F, 32 g KH, 440 kcal/1840 kJ

Käsetorte mit Hirseflocken

16 Stück:

7	Eier
2 EL	Sahne oder Milch
1 Prise	Salz
200 g	Butter
200 g	Zucker
$^1/_2$ TL	gemahlene Vanille*3
1 kg	Schichtkäse
1	Zitrone
10 EL	Hirseflocken

- Eine Springform mit flachem Boden mit Backpapier auslegen. Den Backofen auf 175 °C vorheizen.

- Schichtkäse auf einem Sieb abtropfen lassen. Die Eier trennen. Eines der Eigelbe mit der Sahne verquirlen und beiseite stellen. Die Eiklar mit dem Saft der Zitrone und dem Salz zu festem Schnee schlagen.

- Butter, Zucker und Vanille cremig rühren. Die sechs verbliebenen Eigelbe unterrühren und die abgeriebene Schale der Zitrone dazugeben. Den abgetropften Schichtkäse zufügen. Zuletzt die Hirseflocken einrühren und den Eischnee unterziehen.

- Die Käsemasse in die Springform füllen und die Oberfläche mit einer Gabel gitterförmig einritzen.

- Die Käsetorte zunächst 45 Minuten im vorgeheizten Ofen backen. Dann die Oberfläche mit dem zurückgestellten Eigelb-Sahne-Gemisch bestreichen und weitere 20 Minuten backen. Anschließend den Backofen abschalten und die Käsetorte noch 15 Minuten darin belassen.

- Die Torte herausnehmen und den Rand der Torte vorsichtig mit einem Messer lösen. Die Torte auf ein Gitter stürzen, den Springformrand entfernen und die Torte mit einem Tuch bedeckt auskühlen lassen.

Nährwerte pro Stück: 11 g EW, 16 g F, 15 g KH, 251 kcal/1049 kJ

Hefe-Obstkuchen

16 Stück:

300 g	Reismehl
200 g	Kartoffelstärke
10 g	Nestargel oder Biobin*[3, 4]
1 Prise	Trockenhefe
100 g	Zucker
$^1/_2$ TL	gemahlene Vanille*[3]
1 Prise	Salz
80 g	Butter
300 ml	Milch
2	Eier, Größe M
1 kg	Frischobst nach Saison (Äpfel, Pflaumen, o. Ä.)
50 g	Kartoffelstärke

● Reismehl, Kartoffelstärke, Bindemittel, Hefe, Zucker, Vanille und Salz trocken vermischen.

● Butter zerlassen, mit der Milch auffüllen und alles zusammen leicht erwärmen. Die Flüssigkeit mit dem Mehlgemisch verkneten, Eier zugeben (Handrührgerät/Knethaken). Den Teig abgedeckt 45 Minuten ruhen lassen.

● Ein Backblech mit Backpapier auslegen.

● Obst waschen, putzen und klein schneiden.

● Den Teig nach der Ruhezeit mit Kartoffelstärke aufkneten und auf dem vorbereiteten Backblech gleichmäßig ausrollen. Das vorbereitete Obst darauf verteilen.

● Den Backofen auf 175 °C vorheizen. Das Backblech einschieben und den Obstkuchen ca. 50 Minuten backen. Obstkuchen am besten noch lauwarm genießen.

Bei Laktose-Intoleranz geeignet, wenn anstelle der Milch Sojadrink verwendet wird

Nährwerte pro Portion: 3 g EW, 6 g F, 42 g KH, 238 kcal/997 kJ

Mürbteig-Obstboden oder Torteletts

10 Stück:

50 g	Butter
75 g	Zucker
1 Prise	Salz
	geriebene Zitronenschale
50 g	gemahlene Haselnüsse
150 g	Maismehl
1	Ei, Größe M

- Die Zutaten rasch zu einem festen Teig verkneten. Diesen in eine mit Backpapier ausgelegte Springform oder in gefettete Tortelett-Förmchen drücken.

- Im Backofen bei 175 °C 10–15 Minuten backen.

- Sofort aus der Form lösen und auf einem Gitter abkühlen lassen. Nach Belieben vor oder nach dem Backen belegen.

Bei Lactose-Intoleranz geeignet

Tipp

Die Torteletts in einer gut schließenden Dose aufbewahren und erst bei Bedarf belegen. Sie halten sich mindestens zwei Wochen frisch.

Nährwerte pro Stück (ohne Belag): 3 g EW, 8 g F, 19 g KH, 158 kcal / 662 kJ

Biskuit-Obstboden

12 Stück:

3	Eigelb
3 EL	heißes Wasser
120 g	Zucker
3	Eiklar
1 Prise	Salz
50 g	Kartoffelstärke
50 g	Maismehl
$^{1}/_{2}$ TL	Backpulver

● Eigelb mit heißem Wasser und Zucker weißschaumig schlagen. Eiklar mit Salz zu festem Schnee aufschlagen.

● Kartoffelstärke, Maismehl und Backpulver vermischen.

● Eigelb-Schaummasse, Eischnee und Mehlgemisch vorsichtig untereinander heben und in eine vorbereitete Springform füllen.

● Im vorgeheizten Ofen bei 175 °C 25–30 Minuten backen.

● Für eine Torte mit mehreren Schichten die doppelte Teigmenge herstellen.

Milchfrei gefüllt oder belegt bei Laktose-Intoleranz geeignet

Tipp

Wird anstelle des Maismehls Buchweizenmehl verwendet, erhält die Torte einen leicht herben Geschmack und eignet sich gut für eine Preiselbeer- oder Johannisbeer-Sahne-Füllung.

Nährwerte pro Portion: 2 g EW, 2 g F, 17 g KH, 90 kcal/376 kJ

Kaffee-Mandel-Torte

16 Stück:

7	Eier, Größe M
160 g	Zucker
1 EL	Rum
50 g	Zucker
180 g	gemahlene Mandeln
1 EL	Kartoffelmehl oder Maisstärke
2 EL	Kaffeepulver
1 Msp.	Backpulver
1/2 l	Milch
50 g	Maisstärke
30 g	Kakaopulver
40 g	Kokosfett
100 g	Zucker
200 g	Butter
50 g	Puderzucker
2 EL	Instantkaffee
16	Mokkabohnen
1 EL	geriebene Mandeln

● Eine Springform mit Backpapier auslegen. Den Backofen auf 175 °C vorheizen.

● Eier trennen. Eigelbe mit Zucker und Rum weißschaumig schlagen. Die Eiklar mit 50 g Zucker zu festem Schnee schlagen.

● Mandeln, Stärke, Kaffee- und Backpulver trocken vermischen.

● Eigelbcreme, Eischnee und Mandelgemisch vorsichtig untereinander heben und den Teig in die vorbereitete Form füllen. Sofort im heißen Backofen 30 Minuten backen.

● Zwischenzeitlich für die Füllung eine Mokkabuttercreme herstellen: Von der Milch einige Esslöffel abnehmen und mit Stärke und Kakaopulver glatt rühren. Die restliche Milch mit Kokosfett und Zucker aufkochen. Die angerührte Stärke mit dem Schneebesen einrühren. Den Pudding abkühlen und dabei immer wieder umrühren, damit sich keine Haut bildet. Butter mit Puderzucker und Instant-Kaffee sahnig rühren. Den abgekühlten Pudding löffelweise unterrühren.

● Die Torte nach dem Auskühlen waagrecht aufschneiden und mit der Hälfte der Creme füllen. Mit der restlichen Creme außen bestreichen und 16 kleine Rosetten aufspritzen. Jede Rosette mit einer Mokkabohne belegen und die Torte in der Mitte mit den Mandeln bestreuen.

● Die Torte vor dem Servieren einige Stunden kalt stellen.

Nährwerte pro Stück: 7 g EW, 24 g F, 29 g KH, 358 kcal/1499 kJ

Frankfurter Kranz „Madame Pompadour"

16 Stück:

6	Eigelb
5 EL	heißes Wasser
120 g	Zucker
200 g	geschälte, gemahlene Mandeln
50 g	Maisstärke
1 Prise	Backpulver*1
6	Eiklar
1 l	Milch
2 Päckchen	Puddingpulver Vanille*1
100 g	Zucker
250 g	Butter
100 g	Aprikosenmarmelade
4 EL	gehackte Mandeln

● Eine Kranzform dick fetten und mit einigen geriebenen Mandeln ausstreuen. Den Backofen auf 175°C vorheizen.

● Eigelb mit heißem Wasser schaumig aufschlagen. Zucker langsam einrieseln lassen und alles weißschaumig schlagen.

- Mandeln, Stärke und Backpulver trocken vermischen. Eiklar zu festem Schnee schlagen. Eischaum, Eischnee und Mandel-Mehl-Gemisch mit einem großen Schneebesen locker untereinander heben.

- Den Teig sofort in die vorbereitete Form geben und im heißen Ofen ca. 30 Minuten backen.

- Kranz auf einem Gitter auskühlen lassen. Zwischenzeitlich eine Buttercreme zubereiten: Aus Milch, Puddingpulver und Zucker nach Anleitung Vanillepudding kochen und unter gelegentlichem Rühren abkühlen lassen, damit sich keine Haut bildet.

- Butter cremig rühren und esslöffelweise den kalten Pudding unterrühren. Pudding und Butter müssen in etwa die gleiche Temperatur haben, damit die Creme nicht gerinnt!

- Den Kranzkuchen zweimal waagrecht aufschneiden.

- Den unteren Ring mit glattgerührter Aprikosenmarmelade bestreichen.

- Den mittleren Ring aufsetzen und dick mit Buttercreme bestreichen.

- Anschließend den oberen Ring vorsichtig aufsetzen und den Kranz von außen mit der Buttercreme verkleiden. Ein breites Messer in heißes Wasser tauchen und damit die Oberfläche glattstreichen.

- Die gehackten Mandeln in einer Pfanne ohne Fettzugabe unter Rühren goldgelb anrösten. Abkühlen lassen und damit den Frankfurter Kranz garnieren. Evtl. zur Dekoration aus einem Rest der Buttercreme kleine Rosetten aufspritzen.

Nährwerte pro Portion: 7 g EW, 25 g F, 30 g KH, 374 kcal/1963 kJ

Eierlikörtorte

16 Stück:

100 g	Blockschokolade*1
100 g	Butter
100 g	Zucker
1/2 TL	gemahlene Vanille
5	Eigelb
200 g	gemahlene Haselnüsse
1 Päckchen	Backpulver*1
5	Eiklar
1 EL	Rum
1 EL	Kirschwasser oder Obstbrand
500 ml	süße Sahne
2 EL	Zucker
2 Päckchen	Sahnesteif
4 cl	Eierlikör

- Eine Springform mit Backpapier auslegen. Die Blockschokolade fein reiben. Den Backofen auf 175 °C vorheizen.

- Butter mit Zucker und Vanille cremig rühren. Eigelb zugeben. Geriebene Schokolade, Haselnüsse und Backpulver unterrühren.

- Eiklar zu festem Schnee schlagen und diesen mit dem Rum und dem Kirschwasser oder Obstbrand unter den Teig ziehen.

- Den Teig in die vorbereitete Form füllen und im vorheheizten Ofen ca. 50 Minuten backen. Die Torte auf ein Gitter stürzen und auskühlen lassen.

- Kalte Sahne mit Zucker und Sahnesteif schlagen.

- Um die Torte einen Ring legen und die Sahne gleichmäßig aufstreichen. Auf der Oberfläche den Eierlikör vorsichtig verteilen. Die Torte bis zum Verzehr im Kühlschrank aufbewahren und den Ring erst unmittelbar vor dem Servieren entfernen.

Nährwerte pro Portion: 5 g EW, 27 g F, 17 g KH, 328 kcal/1372 kJ

Biskuitzungen

2 Portionen:

2	Eier, Größe M
60 g	Zucker
1 Prise	Salz
30 g	Reismehl
30 g	Kartoffelmehl

- Ein Backblech mit Backpapier auslegen. Den Backofen auf 175 °C vorheizen.

- Eier und Zucker cremig aufschlagen. Das Salz hinzufügen. Reismehl und Kartoffelmehl vorsichtig unter die Eischaum-Masse heben.

- Mit einem Esslöffel jeweils etwas Teig über die Seitenkante des Löffels – in Form länglicher Häufchen – auf das vorbereitete Blech geben. Ausreichend großen Abstand lassen.

- Die Biskuitzungen sofort im heißen Backofen ca. 12 Minuten goldbraun backen.

- Biskuitzungen wenige Minuten auf dem Blech abkühlen lassen. Dann vorsichtig vom Backpapier lösen und auf einem Gitter vollständig auskühlen. In einer gut schließenden Dose sind die Biskuitzungen mehrere Wochen haltbar.

Bei Lactose-Intoleranz geeignet

Tipp Je zwei Biskuitzungen mit etwas Nougat oder Marmelade zusammensetzen und die Enden in Zartbitter-Kuvertüre tauchen.

Nährwerte pro 100 g: 8 g EW, 6 g F, 53 g KH, 298 kal/1254 kJ

Baisers

10 Stück:

2	Eiklar
1 Prise	Salz
125 g	Zucker
1 Päckchen	Vanillezucker
1 TL	Zitronensaft

- Ein Backblech mit Backpapier auslegen. Den Backofen auf 120 °C vorheizen.

- Eiklar mit Salz aufschlagen. Wenn der Schnee fest wird, $^2/_3$ des Zuckers und den Vanillezucker einrieseln lassen und den Zitronensaft zugeben. So lange weiterschlagen, bis die Schaummasse zäh wird. Dann schnell den restlichen Zucker einrühren, der sich nicht ganz auflösen soll.

- Die Baisermasse in einen Spritzbeutel mit Sterntülle füllen und auf das vorbereitete Backblech große Tupfen oder längliche Spiralen aufspritzen. Die Baisers im vorgeheizten Backofen zunächst ca. 1 $^1/_2$ Stunden trocknen lassen. Danach im abgeschalteten Backofen weitere 30 Minuten nachtrocknen. Baisers dürfen nicht bräunen, sie sollten weiß bis gelblich sein.

Tipp

Baisers mit Vanilleeis oder Sahne füllen. Kleinere Baisers können als Dekoration für Torten verwendet werden.

Nährwerte pro Stück: 1 g EW, 0 g F, 14 g KH, 58 kcal/240 kJ

Brownies

30 Stück:

500 g	*Margarine*
180 g	*Kakao*
8	*Eier, Größe M*
640 g	*Zucker*
140 g	*Kartoffelmehl*
140 g	*Maisstärke*
200 g	*gehackte Nüsse*
130 g	*Rosinen*
2 Päckchen	*Vanillezucker*
	Puderzucker

- Margarine in einem Topf schmelzen. Den Kakao dazugeben und die Masse etwas abkühlen lassen.
- Ein Backblech mit Backpapier auslegen. Den Backofen auf 175 °C vorheizen.
- Die restlichen Zutaten mit der abgekühlten Kakao-Fett-Masse verrühren und den Teig auf das vorbereitete Blech streichen. Im heißen Backofen 30-40 Minuten backen.
- Gebäck noch heiß in kleine Vierecke teilen und sofort vom Blech nehmen. Die erkalteten Vierecke in Puderzucker wälzen.

Nährwerte pro Portion: 4 g EW, 20 g F, 35 g KH, 338 kcal/1414 kJ

Hirsegebäck

750 g:

350 g	Hirse
3 EL	Maismehl
40 g	Pfeilwurzelstärke*³
2 EL	Milch oder Wasser
200 g	Butter
2	Eier, Größe M
3 EL	Honig
1 EL	Kirschwasser
2 EL	Mandelsplitter
2 EL	Rosinen

- Ein Backblech mit Backpapier auslegen und den Backofen auf 200 °C vorheizen.
- Die Hirse fein mahlen und mit dem Maismehl vermischen. Die Pfeilwurzelstärke mit Wasser oder Milch anrühren und zum Mehlgemisch geben.
- Butter cremig rühren, nach und nach Eier und Honig sowie das Kirschwasser zugeben. Esslöffelweise das Mehlgemisch einarbeiten. Zuletzt Mandelsplitter und Rosinen unterrühren.
- Mit zwei Teelöffeln auf das vorbereitete Backblech kleine Häufchen in nicht zu dichtem Abstand setzen. Im heißen Backofen 10–15 Minuten goldgelb backen.

Bei Laktose-Intoleranz geeignet, wenn zum Anrühren der Stärke Wasser verwendet wird

Nährwerte pro 100 g Gebäck: 8 g EW, 30 g F, 50 g KH, 485 kcal/2026 kJ

Kleingebäck aus Kartoffelteig

800 g:

250 g	Kartoffeln
100 g	Butter
100 g	Zucker
1	Ei
1	Zitrone
150 g	Kartoffelmehl
100 g	Maismehl
1/2 P.	Backpulver*1
	Kartoffelmehl zum ausrollen
50 g	Aprikosenmarmelade
100 g	Puderzucker

- Kartoffeln am Vortag als Pellkartoffeln kochen. Am Backtag die Kartoffeln pellen und fein reiben. Butter, Zucker und das Ei verrühren. Die Schale der Zitrone abreiben, den Saft auspressen und beiseite stellen. Zitronenschale unterrühren.

- Kartoffel- und Maismehl mit dem Backpulver trocken mischen. Zusammen mit den Kartoffeln zur Butter-Zucker-Ei-Masse geben und zu einem glatten Teig kneten. Teig in Folie packen und 1 Stunde kühlen.

- Ein Backblech mit Backpapier auslegen. Den Backofen auf 175 °C vorheizen. Die Arbeitsfläche mit Kartoffelmehl bestreuen.

- Den Teig nach der Ruhezeit 2–4 mm dick ausrollen und kleine Plätzchen ausstechen. Diese auf das Blech setzen und im heißen Ofen 15 Minuten backen. Anschließend auf einem Gitter auskühlen lassen.

- Jeweils zwei Plätzchen mit Aprikosenmarmelade zusammenfügen. Puderzucker und Zitronensaft zu einem festen Guss verrühren und damit das Gebäck überziehen oder garnieren.

Bei Lactose-Intoleranz geeignet

Nährwerte pro 100 g Gebäck: 3 g EW, 11 g F, 55 g KH, 333 kcal/1392 kJ

Müsli-Riegel

24 Stück:

100 g	Sojaflocken*3
100 g	Natur-Reisflocken*3
50 g	glutenfreie Cornflakes*1
50 g	aufgepuffter Amaranth*3
100 g	gehackte Haselnüsse oder Sojakerne
50 g	Sonnenblumenkerne
2 EL	Kokosraspeln
1 EL	Sesam
50 g	Butter
100 g	Rohrzucker
100 g	Honig
1 TL	Zitronensaft

- Eine flache, rechteckige Form mit Backpapier auslegen.

- Flocken, Kerne und Saaten gründlich miteinander vermischen.

- In einem großen Kochtopf die Butter schmelzen, Zucker und Honig einrühren und leicht bräunen lassen (karamellisieren). Zitronensaft zugeben. Die Flockenmischung auf einmal zugeben und mit einem Holzlöffel so lange rühren, bis alles gleichmäßig von der Karamellmasse überzogen ist.

- Die Müsli-Riegel-Masse in der vorbereiteten Form verteilen und mithilfe eines Küchenbrettchens auf ca. 2 cm Dicke fest zusammenpressen. Die Ränder, falls diese nicht an der Form anliegen, immer wieder zusammenschieben und wiederholt die Masse pressen.

- Alles abkühlen lassen und die Müsliplatte vorsichtig auf ein Schneidbrett stürzen. Mit einem scharfen Sägemesser in längliche Riegel schneiden.

Bei Lactose-Intoleranz geeignet

Nährwerte pro Riegel: 3 g EW, 7 g F, 14 g KH, 132 kcal/553 kJ

Muffins

9 Stück:

250 g	Butter
250 g	Zucker
$1/_2$ TL	gemahlene Vanille
1 Prise	Salz
5	Eier, Größe M
150 g	Kartoffelmehl
100 g	geschälte, gemahlene Mandeln
$1/_2$ Päckchen	Backpulver

● Ein Muffinsblech oder 9 Einzelförmchen ausfetten, den Backofen auf 175 °C vorheizen.

● Butter, Zucker und Vanille cremig rühren. Salz zugeben und nacheinander die Eier unterrühren.

● Kartoffelmehl und Mandeln mit dem Backpulver vermengen und esslöffelweise dazugeben.

● Den Teig in die vorbereiteten Förmchen füllen und im heißen Ofen ca. 30 Minuten backen.

Bei Lactose-Intoleranz geeignet

Tipp

Variieren Sie die Muffins durch Zugabe von kleinstückigem Obst (z. B. Heidelbeeren), klein geschnittenen Früchten oder gehackten Nüssen. Sie können dem Teig auch durch Zitronen- oder Orangensaft und -schale ein anderes Aroma geben.

Nährwerte pro Portion: 6 g EW, 33 g F, 43 g KH, 490 kcal/2048 kJ

Pfannkuchen, Bratlinge, Aufläufe, Getreidebeilagen

Eierpfannkuchen

4 Stück:

2	*Eier, Größe M*
1 Prise	*Salz*
$^1/_8$ l	*Milch*
100 g	*Reismehl*
$^1/_2$ TL	*Backpulver*
$^1/_8$ l	*Wasser*
2 TL	*Margarine*

- Eier, Salz und Milch verquirlen. Das Reismehl mit dem Backpulver mischen und zur Eiermilch geben. Alles glatt verrühren und das Wasser nach und nach zugeben.

- In einer Pfanne jeweils $^1/_2$ TL Margarine schmelzen und nacheinander 4 dünne Eierpfannkuchen ausbacken.

- Diese können mit oder ohne Füllung aufgerollt werden. Als Füllung eignen sich Apfelmus, Marmelade, Nuss-Nougat-Creme – dann die Oberfläche mit Zucker oder Zimt-Zucker-Gemisch bestreuen. Es schmecken aber auch Gemüse-Ratatouille, Hackfleischsoße oder angedünstete Pilze als pikante Füllung sehr gut.

Tipp

In den Teig 2 EL frische Schnittlauchröllchen geben und die Pfannkuchen nach dem Backen und Rollen in feine Streifen schneiden. So sind sie gut als Suppeneinlage geeignet.

Nährwerte pro Stück (ohne Füllung):
7 g EW, 7 g F, 23 g KH, 182 kcal/786 kJ

Galettes (Buchweizenpfannkuchen)

4 Stück:

50 g	Kartoffelmehl
25 g	Maismehl
25 g	Buchweizenmehl
1 Msp.	Backpulver*1
1/2 TL	Salz
2	Eier
1/8 l	Milch
1/8 l	Wasser
	Pflanzenöl

- Die Mehle mit dem Backpulver und dem Salz vermischen.

- Eier und Milch verquirlen. Das Mehlgemisch einrühren und danach das Wasser zugeben. Den Teig 30 Minuten quellen lassen.

- Öl in einer Pfanne erhitzen und nacheinander 4 dünne Pfannkuchen herausbacken.

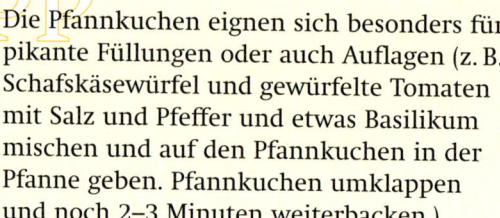

Tipp

Die Pfannkuchen eignen sich besonders für pikante Füllungen oder auch Auflagen (z. B. Schafskäsewürfel und gewürfelte Tomaten mit Salz und Pfeffer und etwas Basilikum mischen und auf den Pfannkuchen in der Pfanne geben. Pfannkuchen umklappen und noch 2–3 Minuten weiterbacken.)

Nährwerte pro Stück: 5 g EW, 10 g F, 17 g KH, 175 kcal/732 kJ

Apfel-Quark-Pfannkuchen

12 Stück:

250 g	Äpfel
50 g	Margarine oder Butter
20 g	Zucker
	Zitronenschale, gerieben
1 Prise	Salz
2	Eier
500 g	Quark
50 g	Maismehl
50 g	Reismehl
50 g	Kartoffelmehl
	Pflanzenöl
	Zucker-Zimt-Mischung

- Die Äpfel schälen, entkernen und in sehr feine Scheibchen schneiden oder grob raspeln.

- Fett, Zucker, Zitronenschale, Salz und Eier schaumig schlagen. Den Quark unterrühren. Die Mehle zugeben. Zuletzt die Äpfel unterheben.

- In heißem Pflanzenöl kleine Pfannkuchen ausbacken. Nach Belieben mit Zucker-Zimt-Mischung bestreuen.

 **Tipp**

Wir essen die Apfel-Quark-Pfannkuchen als Ergänzung zu einer Gemüsesuppe. Sie können aber auch gut Kompott dazureichen.

Nährwerte pro Stück (inkl. Bratfett):
8 g EW, 10 g F, 18 g KH, 195 kcal/813 kJ

Hefeteigplinsen mit Rosinen

8 Stück:

350 g	Kartoffelmehl
150 g	Maismehl
50 g	Buchweizenmehl
1 Prise	Trockenhefe
75 g	Zucker
1 TL	Salz
250 g	Quark
1	Ei
400 ml	warme Milch
80 g	Rosinen
	Pflanzenöl
	Zimt-Zucker-Mischung
	Apfelkompott

- Die Mehle mit Hefe, Zucker und Salz vermengen. Mit Quark, Ei und Milch zu einem glatten, dickflüssigen Teig verrühren. Den Teig 30 Minuten ruhen lassen.

- Die Rosinen waschen, trocknen und in den Teig einrühren.

- In einer Pfanne Öl erhitzen und bei mittlerer Temperatur 6–8 dicke, kleine Pfannkuchen von beiden Seiten backen.

- Die Pfannkuchen mit Zucker-Zimt-Mischung bestreuen und noch warm zu frischem Apfelkompott servieren.

Tipp

Der Teig kann auch Fett sparend im Waffeleisen ausgebacken werden.

Nährwerte pro Stück: 10 g EW, 4 g F, 74 g KH, 371 kcal/1552 kJ

Hirsepuffer

8 Stück:

100 g	ganze Hirse
250 ml	Gemüsebrühe*¹
2 EL	Sonnenblumenkerne
1	Zwiebel
1	Knoblauchzehe
1	Ei
1 EL	Maisgrieß
	Salz, Muskat
	Petersilie
	Fett zum Braten

- Hirse heiß abwaschen und in kochender Gemüsebrühe auf kleiner Flamme ca. 30 Minuten garen.

- Die Sonnenblumenkerne ohne Fettzugabe in einer Pfanne leicht anrösten.

- Die Hirse mit dem Pürierstab oder im Mixer zerkleinern. Gehackte Zwiebel, zerdrückte Knoblauchzehe, Sonnenblumenkerne, Ei und Maisgrieß zugeben. Die Masse mit Salz, Muskat und gehackter Petersilie abschmecken. Den Teig 30 Minuten quellen lassen.

- Fett in einer großen Pfanne erhitzen. Aus dem Teig 8 flache Bratlinge formen und im heißen Fett goldgelb braten.

Bei Laktose-Intoleranz geeignet

Nährwerte pro Portion: 9 g EW, 8 g F, 11 g KH, 127 kcal/531 kJ

Buchweizenfrikadellen

6 Stück:

100 g	Buchweizengrütze
200 ml	Gemüsebrühe *[1]
1 kleine	Zwiebel
$^1/_2$ TL	gemahlener Koriander
30 g	Pflanzenöl
1	Ei
	Salz, Pfeffer, gehackte Kräuter
1–3 EL	Buchweizenmehl
	Pflanzenöl

● Buchweizengrütze mit Gemüsebrühe aufkochen und ausquellen lassen.

● Die Zwiebel sehr fein hacken und mit dem Koriander in Öl anbraten. Die angebratene Zwiebel zur Grütze geben. Die Masse mit dem Ei binden und mit den Gewürzen abschmecken. Evtl. etwas Buchweizenmehl unter den Teig mischen, damit sich dieser besser formen lässt.

● Mit nassen Händen 6 flache Frikadellen formen und in heißem Pflanzenöl von beiden Seiten braten.

Bei Laktose-Intoleranz geeignet

Tipp

Sehr pikant schmecken die Frikadellen mit 1–2 EL geriebenem Käse im Teig oder gefüllt mit gewürfeltem Schafskäse.

Nährwerte pro Stück: 2 g EW, 7 g F, 16 g KH, 136 kcal/568 kJ

Hirsebratlinge

4 Stück:

100 g	Hirse
1 kleine	Zwiebel
200 ml	Gemüsebrühe *1
2 EL	Quark
1	fein geriebene Möhre
2–4 EL	Hirseflocken
	Salz, Pfeffer, gehackte Kräuter
	Hefeflocken
	Pflanzenöl

- Hirse und die sehr fein gehackte Zwiebel 10 Minuten in der Gemüsebrühe kochen und weitere 20 Minuten ohne weitere Wärmezufuhr ausquellen lassen.

- Den Quark, die fein geriebene Möhre und die Hirseflocken unter die ausgekühlte Hirse mischen. Den Teig mit den Gewürzen und Hefeflocken abschmecken.

- Mit nassen Händen 4 Bratlinge formen und in heißem Pflanzenöl goldgelb braten.

Tipp Die Hirsebratlinge mit je einer Tomatenscheibe und einer Scheibe Käse belegen und im Backofen überbacken. Dazu schmeckt ein frischer Blattsalat.

Nährwerte pro Stück: 4 g EW, 1 g F, 19 g KH, 101 kcal/423 kJ

Amaranth-Bratlinge

8 Stück:

150 g	Amaranth*3
300 ml	Gemüsebrühe*1
1	Ei
2 El	Kartoffelmehl
2 EL	geriebener Käse
2 EL	gehackte Haselnüsse
	Salz, weißer Pfeffer, Koriander
	Pflanzenöl

● Amaranth in die kochende Gemüsebrühe einstreuen, aufkochen lassen und bei geringer Wärmezufuhr 45 Minuten garen.

● Ei, Kartoffelmehl, Käse und Nüsse zugeben und alles miteinander vermischen. Den Teig mit den Gewürzen abschmecken und 15 Minuten quellen lassen.

● Mit nassen Händen 8 flache Bratlinge aus dem Teig formen. Diese in heißem Öl von beiden Seiten goldgelb braten.

Nährwerte pro Portion: 5 g EW,10 g F, 14 g KH, 161 kcal/671 kJ

Tofu-Bratlinge

8 Stück:

250 g	Tofu*³
250 g	gekochter Reis
2	Eier
1	Lauchstange
2	große Möhren
3–4 EL	gehackte Kräuter
2 EL	Pfeilwurzelmehl*³
	Kräutersalz, Knoblauch, Pfeffer
	Pflanzenöl

● Den Tofu fein reiben oder sehr fein würfeln und mit dem Reis und den Eiern in eine große Schüssel geben.

● Lauch putzen, waschen und in feine Streifen schneiden. Die Möhren schälen und fein reiben. Gemüse und gehackte Kräuter mit dem Tofu verkneten. Zur Bindung das Pfeilwurzelmehl einkneten. Den Teig mit den genannten Gewürzen und weiteren nach Belieben pikant abschmecken.

● Den Teig 30 Minuten quellen lassen. 8 flache Bratlinge formen und in heißem Pflanzenöl braten.

Bei Laktose-Intoleranz geeignet

Tipp
Die Bratlinge schmecken auch kalt sehr gut. Als Beilage ist besonders ein Quark-Kräuterdip oder ein Zsaziki zu empfehlen.

Nährwerte pro Stück: 5 g Eiweiß, 3 g Fett, 11 g KH, 90 kcal/378 kJ

Hackfleisch-Frikadellen

10 Stück:

500 g	gemischtes Hackfleisch
1	sehr fein gehackte Zwiebel
1	Ei
2 EL	Quark
1	geriebene Pellkartoffel
1 EL	Ballaststoffflocken aus der Zuckerrübe*[2]
	Salz, Pfeffer, Knoblauch, Oregano
	Pflanzenöl

- Hackfleisch (Schwein und Rind oder Lamm) mit der Zwiebel, dem Ei, dem Quark und der geriebenen Kartoffel verkneten. Ballaststoffflocken unterkneten und den Teig mit den Gewürzen pikant abschmecken.

- Pflanzenöl in einer Pfanne erhitzen. 6 Frikadellen mit nassen Händen formen und in das heiße Fett setzen. Bei mittlerer Temperatureinstellung langsam von beiden Seiten braun braten.

Tipp

Die Frikadellen schmecken auch kalt und eignen sich, in dünne Scheiben geschnitten auch sehr gut als herzhafter Brotbelag.

Nährwerte pro Portion: 10 g EW, 13 g F, 5 g KH, 162 kcal/676 kJ

Mailänder Risotto

4 Portionen:

50 g	Butterschmalz
1	Zwiebel
400 g	Rundkornreis (Milchreis)
1 Msp.	Safranpulver
1 l	Hühnerbrühe (frisch oder aus Extrakt) *1
60 g	Butter
75 g	Parmesan

● Butterschmalz in einem weiten Topf schmelzen. Die sehr fein gehackte Zwiebel darin andünsten, jedoch nicht bräunen. Den Reis zugeben und unter Rühren mitdünsten, bis er von einem Fettfilm überzogen ist. Den Safran zufügen und so lange unterrühren, bis alles gleichmäßig gelb gefärbt ist.

● $^1/_3$ der kochend heißen Hühnebrühe angießen. Bei mittlerer Hitze köcheln lassen und immer wieder umrühren. Sobald die Flüssigkeit vom Reis aufgenommen ist, wieder etwas Brühe nachgießen, so lange, bis der Reis weich ist. Zuletzt sollte der Reis nicht trocken, sondern sichtbar von Brühe umgeben sein.

● Butter und Parmesan unterrühren. Beides sollte sich zusammen mit der Brühe cremig verbinden.

● Das Risotto sofort servieren.

Nährwerte pro Portion: 15 g EW, 26 g F, 79 g KH, 608 kcal/2541 kJ

Hirseauflauf

4 Portionen:

250 g	Hirse
1 l	Gemüsebrühe
2	Zwiebeln
	Salz
500 g	frische Champignons
	Petersilie
1 EL	Margarine
3	Eier
200 g	saure Sahne
	Salz, Pfeffer, Muskat
	Hirse kurz mit heißem Wasser überbrühen.

- Hirse kurz mit heißem Wasser überbrühen.

- Gemüsebrühe mit einer halbierten Zwiebel und Salz aufkochen. Die Hirse zugeben, aufkochen und bei geringer Wärmezufuhr mit geschlossenem Deckel ca. 20 Minuten kochen.

- Zwischenzeitlich die Pilze putzen und in Scheiben schneiden. Die restlichen Zwiebeln schälen, fein würfeln und in der Margarine andünsten. Petersilie hacken.

- Eier und saure Sahne verquirlen.

- Hirse, Champignons, Petersilie sowie die angebratene Zwiebel miteinander vermengen und kräftig mit den Gewürzen abschmecken.

- Die Masse in eine gefettete Auflaufform füllen und mit der Eier-Sahne übergießen.

- Bei 200 °C 30 Minuten backen.

Nährwerte pro Portion: 17 g EW, 15 g F, 7 g KH, 392 kcal/1638 kJ

Buchweizenbeilage

4 Portionen:

200 g	ganzer Buchweizen
1 l	Gemüsebrühe*¹
1	Zwiebel
1	Knoblauchzehe
30 g	Butter oder Margarine
1	Möhre
	Petersilie
4 EL	geriebener Käse

- Buchweizen mit kochendem Wasser kurz überbrühen. Dann in der kochenden Gemüsebrühe 25–30 Minuten garen.

- Zwiebel und Knoblauch schälen, sehr fein hacken und in Butter oder Margarine andünsten. Die Möhre in feine Scheibchen schneiden, zugeben und einige Minuten mitdünsten.

- Den Buchweizen mit Zwiebel und Möhre vermischen. Gehackte Petersilie und Käse untermischen und alles als Beilage servieren.

Nährwerte pro Portion: 9 g EW, 10 g F, 38 g KH, 280 kcal/1170 kJ

Quinoapfanne

4 Portionen:

3	Möhren
1	Lauchstange
4 EL	Pflanzenöl
150 g	Quinoa
1	Knoblauchzehe
400 ml	Gemüsebrühe*1
3–4 EL	geriebener Käse
	Salz, Pfeffer, Kräuter

- Die Möhren und die Lauchstange putzen, waschen und in kleine Würfel schneiden.

- Pflanzenöl in einer tiefen Pfanne erhitzen. Quinoa im Öl anschwitzen. Das vorbereitete Gemüse zugeben und ebenfalls mit anbraten. Die Knoblauchzehe zerdrücken oder sehr fein würfeln und dazugeben.

- Alles mit ca. der Hälfte der Gemüsebrühe ablöschen. Einen Deckel auf die Pfanne setzen und die Quinoa bei geringer Temperatureinstellung garen.

- Wenn die Flüssigkeit aufgesogen ist, wieder Gemüsebrühe angießen. Sind Quinoa und Gemüse weich, den Käse darauf geben und bei geschlossenem Deckel schmelzen lassen.

- Die Quinoapfanne mit wenig Salz, Pfeffer und frischen Kräutern abschmecken und heiß als Beilage oder zu einem frischen Salat servieren.

Ohne Käse auch bei Laktose-Intoleranz geeignet

Nährwert pro Portion: 10 g EW,13 g F, 26 g KH, 260 kcal/1086 kJ

Polenta

6 Portionen:

1 l	Gemüsebrühe*[1]
250 g	mittelgrober Maisgrieß (Polenta)
20 g	Butter

- Gemüsebrühe aufkochen und den Grieß einrühren. Bei geringer Hitze 5 Minuten unter Rühren köcheln lassen. Hitzezufuhr dann abschalten, aber den Topf auf der Platte stehen lassen. Die Butter zugeben.

- Die Polenta noch ca. 10 Minuten weiterrühren und anschließend mit geschlossenem Deckel ausquellen lassen.

- Die Polenta kann nun auf verschiedene Arten weiterverarbeitet werden:

  - 50 ml Sahne und ein Eigelb unterrühren und mit etwas Muskat abschmecken. So als Beilage z. B. zu Gulasch verwenden.

  - Die Masse fingerdick auf ein mit Backpapier ausgelegtes Blech streichen. Tomatenmark darauf geben und mit Käse bestreuen. Mit Oregano würzen und im Backofen überbacken, bis der Käse geschmolzen ist.

  - Die Masse in eine mit Backpapier ausgelegte Kastenform füllen und vollständig erkalten lassen. Aus der Form stürzen und in Scheiben schneiden. Diese in Butter von beiden Seiten braten und mit einem frischen Salat zu einer Mahlzeit ergänzen.

  - Die Masse dünn auf ein nasses Brett streichen und erkalten lassen. Mit Plätzchenausstechern beliebige Formen herauslösen. Diese auf ein Blech legen und mit Parmesan bestreuen. Im Backofen überbacken und mit einer fruchtigen Tomatensoße servieren.

Bei Zubereitung nach Grundrezept bei Laktose-Intoleranz geeignet

---

Nährwerte pro Portion (Grundrezept):
4 g EW, 4 g F, 29 g KH, 166 kcal/699 kJ

Quark-Grieß-Klöße

4 Portionen:

500 g	Magerquark
100 g	Zucker
2	Eier
1 Prise	Salz
	Zitronenschale, gerieben
50 g	Maisstärke
1 EL	Maisgrieß
20 g	Korinthen

- In einem großen Topf mit passendem Deckel ca. 2 l Wasser mit 1 TL Salz aufkochen. Die Temperatur dann so reduzieren, dass das Wasser nur noch siedet.

- Alle Zutaten zu einem weichen Teig verrühren. Mit zwei Esslöffeln kleine, längliche Klöße abstechen und sofort in das siedende Salzwasser geben. Die Klöße bei nahezu geschlossenem Deckel 5 Minuten garen.

- Die Grieß-Quark-Klöße nach Belieben mit zerlassener Butter und Kompott auftischen.

Nährwerte pro Portion: 21 g EW, 4 g F, 46 g KH, 279 kcal/1243 kJ

Reiskroketten

250 g	Langkornreis
1/2 l	Gemüsebrühe*1
100 g	frische Champignons
1	Schalotte
2 EL	Butter
2 EL	gehackte Petersilie
1	Eigelb
	Öl zum Frittieren
2	Eier
6 EL	glutenfreies Paniermehl*2

- Den Reis in der Gemüsebrühe garen.

- Inzwischen die Pilze putzen und sehr fein hacken. Die Schalotte sehr fein schneiden und beides in heißer Butter andünsten. Die Petersilie untermischen.

- Das angedünstete Gemüse mit dem Reis mischen, etwas abkühlen lassen und das Eigelb einarbeiten.

- Öl in einem Fritiertopf erhitzen, bis sich bei Hineinhalten eines Holzlöffels kleine Bläschen am Löffelstiel bilden.

- Aus der Reismasse mit nassen Händen Kroketten formen und diese zunächst in verquirltem Ei, danach im Paniermehl wenden. Die Kroketten sofort im heißen Fett ausbacken.

Bei Laktose-Intoleranz geeignet

Nährwerte pro Portion à 6 Stück (ohne Frittierfett):
10 g EW, 10 g F, 60 g KH, 376 kcal/1570 kJ

Semmelknödel

12 Stück:

500 g	glutenfreies Weißbrot*¹
½ l	Milch
100 g	durchwachsenen Speck
1 kleine	Zwiebel
2 EL	Öl
3	Eier, Größe M
	Salz, Pfeffer
1 EL	Petersilie
3–5 EL	Kartoffelmehl
	Salzwasser zum Kochen

● Das Weißbrot in feine Würfelchen schneiden und mit kochender Milch übergießen. Speck und Zwiebel sehr fein würfeln und in heißem Öl glasig braten.

● Eier, Gewürze und Petersilie sowie die abgekühlten Speckwürfel zum Weißbrot geben und alles gut verkneten. Zur Bindung Kartoffelmehl oder Pfeilwurzelstärke zufügen. Den Teig mindestens 1 Stunde ruhen lassen.

● In einem großen Topf Salzwasser zum Kochen bringen. Aus dem Teig mit nassen Händen 12 Knödel formen und zunächst einen Probeknödel in das kochende Wasser geben. Die Hitzezufuhr reduzieren, sodass der Knödel nur noch siedet. Falls der Knödel gut hält, alle weiteren zufügen und garen. (Knödel schwimmen an der Wasseroberfläche, wenn sie gar sind.)

Tipp

Die Semmelknödel können gut aus altem, selbst gebackenem glutenfreiem Weißbrot hergestellt werden, jedoch auch aus jedem fertig bezogenen Weiß- oder Toastbrot.

Nährwerte pro Portion: 7 g EW, 9 g F, 29 g KH, 210 kcal/880 kJ

Kartoffelgerichte, Pizza, Pasta

Kartoffelschnee

1 Portion:

200 g	mehlig kochende Kartoffeln
	Wasser
¹/₂ TL	Salz

● Die Kartoffeln als Pellkartoffeln in Salzwasser kochen. Heiß abpellen und sofort durch eine Presse drücken.

● Der Kartoffelschnee kann so als Beilage serviert oder auf verschiedene Arten weiterverarbeitet werden:

    ○ Mit heißer Milch oder auch heißer Buttermilch und 1 TL Butter zu Kartoffelbrei rühren. Mit Muskat abschmecken.

    ○ Mit einem Eigelb verrühren und mit dem Spritzbeutel auf ein Backblech kleine Krönchen spritzen. Bei 220 °C backen und die „Herzogin-Kartoffeln" zu feinen Menüs servieren.

    ○ Mit 2 EL Quark und 1 Ei verrühren und mit Salz, Pfeffer und Muskat abschmecken. Mit feuchten Händen flache Kartoffelplätzchen formen und in heißem Fett in der Pfanne braten.

    ○ 400 g rohe Kartoffeln reiben und gut in einem Tuch ausdrücken. Mit dem Kartoffelschnee mischen, ein Ei zufügen und mit Salz abschmecken. Mit nassen Händen Knödel formen und in siedendem Salzwasser ziehen lassen. Sollte der Knödelteig nicht fest genug sein, etwas Pfeilwurzelstärke oder Kartoffelmehl einarbeiten.

Bei Laktose-Intoleranz geeignet (Grundrezept)

Nährwerte pro Portion (Grundrezept):
4 g EW, 0,2 g F, 30 g KH, 140 kcal/588 kJ

Gnocchi (Kartoffelnudeln)

4 Portionen:

600 g	mehlig kochende Kartoffeln
1/2 TL	Salz
120 g	Hirsemehl
	Salz, Muskat
	Salzwasser
4 EL	Butter

● Kartoffeln mit Salz als Pellkartoffeln kochen. Noch heiß pellen und durch eine Kartoffelpresse drücken.

● Den Kartoffelschnee abdampfen lassen und mit Hirsemehl verkneten, bis der Teig nicht mehr klebt. Den Teig mit Salz und etwas Muskat würzen.

● Die Arbeitsfläche mit etwas Kartoffel- oder Hirsemehl bestreuen und darauf ca. 2 cm dicke Teigrollen formen. Die Rollen in 3 cm breite Abschnitte teilen. Jeden Abschnitt über die Spitzen einer Gabel rollen und dabei leicht flach drücken.

● Salzwasser aufkochen und die Gnocchi portionsweise ca. 2 Minuten garen (bis sie an der Wasseroberfläche schwimmen).

● Die Gnocchi mit einem Schaumlöffel aus dem Wasser heben und in kaltem Wasser abschrecken. Portionsweise in heißer Butter schwenken und sofort servieren.

Bei Laktose-Intoleranz geeignet

Tipp

Die Gnocchi schmecken gut mit einer frischen Tomatensoße und mit Käse bestreut, jedoch auch süß mit Apfelkompott kombiniert.

Nährwerte pro Portion: 7 g EW, 1 g F, 46 g KH, 229 kcal/956 kJ

Kartoffelpuffer

4 Portionen:

500 g	Kartoffeln
2	Zwiebeln
1	Ei
3–4 EL	Hirseflocken
	Salz, Pfeffer, Muskat
	Pflanzenöl zum Backen

● Die Kartoffeln schälen. Mithilfe einer Küchenmaschine zusammen mit den Zwiebeln grob raspeln. Die Hälfte der Kartoffel-Zwiebel-Raspel im Mixer oder mit dem Pürierstab fein zerkleinern.

● Ei, Hirseflocken und Gewürze in die feine Masse rühren. Die groben Kartoffelraspel unterrühren. Den Teig 10–20 Minuten quellen lassen. Setzt sich viel Flüssigkeit ab, evtl. noch Hirseflocken einrühren.

● Pflanzenfett in einer Pfanne erhitzen und portionsweise ca. 12 handtellergroße Puffer backen.

Tipp

Kartoffelpuffer werden klassisch mit Apfelmus serviert, schmecken aber auch sehr gut mit einem pikanten Quark-Kräuter-Dip.

Nährwerte pro Portion: 5 g EW, 12 g F, 25 g KH, 234 kcal/976 kJ

Schweizer Rösti

4 Portionen:

500 g	*Kartoffeln*
	Salz, Pfeffer
20 g	*Margarine*
50 ml	*Sahne*

- Kartoffeln in der Schale kochen. Heiß pellen und grob raffeln. Salz und Pfeffer unter die Kartoffelraffel rühren.

- 1 TL Margarine in einer Pfanne erhitzen. $1/4$ der Kartoffelmasse in die Pfanne füllen und zu einem runden, flachen Kuchen zusammendrücken. Zugedeckt braten lassen. Damit die Rösti saftig bleiben, tropfenweise Sahne darüber träufeln.

- Ist die Unterseite gebräunt, die Rösti auf einen Deckel gleiten lassen und wieder in die Pfanne stürzen, dann von der anderen Seite bräunen.

- Nacheinander 4 Rösti auf die beschriebene Weise backen.

Tipp

In der Schweiz serviert man die Rösti mit Kalbfleischragout, es genügt aber auch eine große Portion gemischter Salat um aus einem Rösti ein Abendessen zu machen.

Nährwerte pro Portion: 3 g EW, 8 g F, 19 g KH, 164 kcal/686 kJ

Kartoffelkroketten

4 Portionen:

500 g	Kartoffeln
1	Eigelb
1 TL	Margarine
	Salz, Muskat
	Pflanzenöl zum Frittieren

- Kartoffeln mit der Schale kochen, pellen und heiß durch eine Presse drücken.
- Eigelb, Margarine, Salz und Muskat einrühren und die Kartoffelmasse auskühlen lassen. Den Teig zu daumendicken Rollen formen und in ca. 4 cm große Stücke schneiden.
- Öl in einem Frittiertopf erhitzen, bis sich bei Hineinhalten eines Holzlöffels kleine Bläschen am Löffelstiel bilden.
- Kartoffelkroketten darin goldgelb backen, abtropfen lassen und sofort servieren.

Bei Laktose-Intoleranz geeignet

Tipp

Kartoffelkroketten roh zunächst in Eiweiß, dann in zerdrückten Mandelblättchen wenden und dann erst frittieren. Sie erhalten leckere Mandelkroketten.

Nährwerte pro Portion: 4 g EW, 22 g F, 20 g KH, 295 kcal/1230 kJ

Kartoffelklöße

12 Stück:

1 kg	*mehlig kochende Kartoffeln*
50 g	*Weißbrotreste glutenfrei*1*
2 EL	*Margarine*
1–2	*Eier*
	Salzwasser zum Kochen
	Salz, Muskat
100 g	*Kartoffelmehl*

- Die Kartoffeln am besten am Vortag kochen und heiß abpellen.

- Am Folgetag das Weißbrot in feine Würfelchen schneiden und in der Margarine anbraten.

- Die Kartoffeln fein reiben, Eier und Kartoffelmehl zugeben und gut untermengen. Mit den Gewürzen abschmecken und aus dem Teig eine Rolle formen. 12 Stücke abteilen und mit feuchten Händen zu glatten Klößen drehen. Dabei jeweils in die Mitte ein paar Brotbröckchen eindrehen.

- Salzwasser in einem großen Topf aufkochen und die Klöße hineinlegen. Die Hitze reduzieren und die Klöße 10–15 Minuten gar ziehen lassen.

Bei Laktose-Intoleranz geeignet, wenn das Weißbrot laktosefrei hergestellt ist

Nährwerte pro Portion: 3 g EW, 3 g F, 22 g KH, 123 kcal/516 kJ

Pizza

4 Portionen:

150 g	Kartoffelmehl
50 g	Reismehl
50 g	Maismehl
150 g	Magerquark
6 EL	Milch
6 EL	Öl
$^1/_2$ TL	Zucker
$^1/_2$ TL	Salz
1 Msp.	Oregano
5 EL	Tomatenmark
1 EL	Olivenöl
	Salz, Pfeffer, Oregano
50 g	frische Champignons
100 g	dünn geschnittene Salami*1
75 g	geriebener Käse

● Mehle mischen. Von dieser Mischung 5 EL beiseite stellen.

● Quark, Milch und Öl glatt rühren. Zucker, Salz und Oregano ein-rühren und die Mehlmischung einarbeiten. Den Teig abgedeckt 30 Minuten kühlen.

● Für den Belag Tomatenmark mit Öl und Gewürzen verrühren. Champignons putzen und feinblättrig schneiden, die Salami in feine Streifen schneiden.

● Ein Backblech mit Backpapier auslegen. Den Backofen auf 200 °C vorheizen.

● Den Teig nach der Ruhezeit mit der zurückgestellten Mehlmi-schung glatt kneten und auf dem Backblech dünn ausrollen.

- Zunächst das Tomatenmark aufstreichen, dann den Käse darüber streuen. Auf den Käse die Champignons und die Salami gleichmäßig verteilen.

- Die Pizza im heißen Backofen ca. 30 Minuten backen, bis der Käse zerlaufen und die Pizza-Unterseite leicht gebräunt ist.

Nährwerte pro Portion: 19 g EW, 32 g F, 53 g KH, 580 kcal/2430 kJ

Nudelteig

4 Portionen (500 g):

250 g	Nudelmehl
1 Prise	Salz
1	Ei, Größe M
150 ml	Wasser
	Nudelmehl zum Ausrollen

- Nudelmehl mit Salz und Ei unter langsamer Zugabe von Wasser zu einem glatten Teig kneten (Küchenmaschine oder Handrührgerät mit Knethaken). So lange kneten, bis eine glatte, elastische Kugel entsteht. Den Teig in Folie verpackt einige Minuten ruhen lassen.

- Jeweils $1/4$ des Teiges dünn auf der mit Nudelmehl bestreuten Arbeitsfläche ausrollen. Nach Belieben Streifen ausschneiden oder ausrädeln oder kleine Figuren ausstechen.

- Die Nudeln frisch in siedendem Salzwasser garen (max. 3 Minuten) oder auf einem sauberen Küchentuch trocknen lassen.

Nährwerte pro 100 g Nudeln (roh): 2 g EW, 2 g F, 48 g KH, 220 kcal/921 kJ

Spätzle

400 g	Nudelmehl*²
½ TL	Salz
4	Eier, Größe M
250 ml	kaltes Wasser
2 EL	Butter

● Nudelmehl und Salz mischen.

● Die Eier mit dem Wasser verquirlen und die Flüssigkeit mit dem Handrührgerät (Knethaken) unter das Mehlgemisch arbeiten, bis ein glatter Teig entstanden ist. Sollte der Teig zu fest erscheinen, nach eigenem Ermessen noch etwas Wasser zugeben.

● Den Teig portionsweise in einen Spätzlehobel füllen und in kochendes Salzwasser hobeln. Spätzle einmal aufschäumen lassen und dann mit einem Schaumlöffel herausnehmen. Sofort in eine große Schüssel mit kaltem Wasser geben.

● Die Spätzle vor dem Verzehr in heißer Butter schwenken.

Bei Laktose-Intoleranz geeignet

Nährwerte pro Portion: 5 g EW, 8 g F, 58 g KH, 323 kcal/1350 kJ

Variation: Käse-Spätzle

● 3–4 Zwiebeln schälen und in feine Würfel schneiden. In 125 g Butter goldgelb andünsten. Die Spätzle mit den Zwiebeln und 400 g geriebenem Emmentaler Käse in der Pfanne mischen. Mit Salz und schwarzem Pfeffer würzen.

● Auf angewärmten Tellern servieren. Dazu schmeckt frischer Blattsalat

Nährwerte pro Portion: 7 g EW, 12 g F, 17 g KH, 212 kcal/886 kJ

Soßen,
Marinaden & Co.

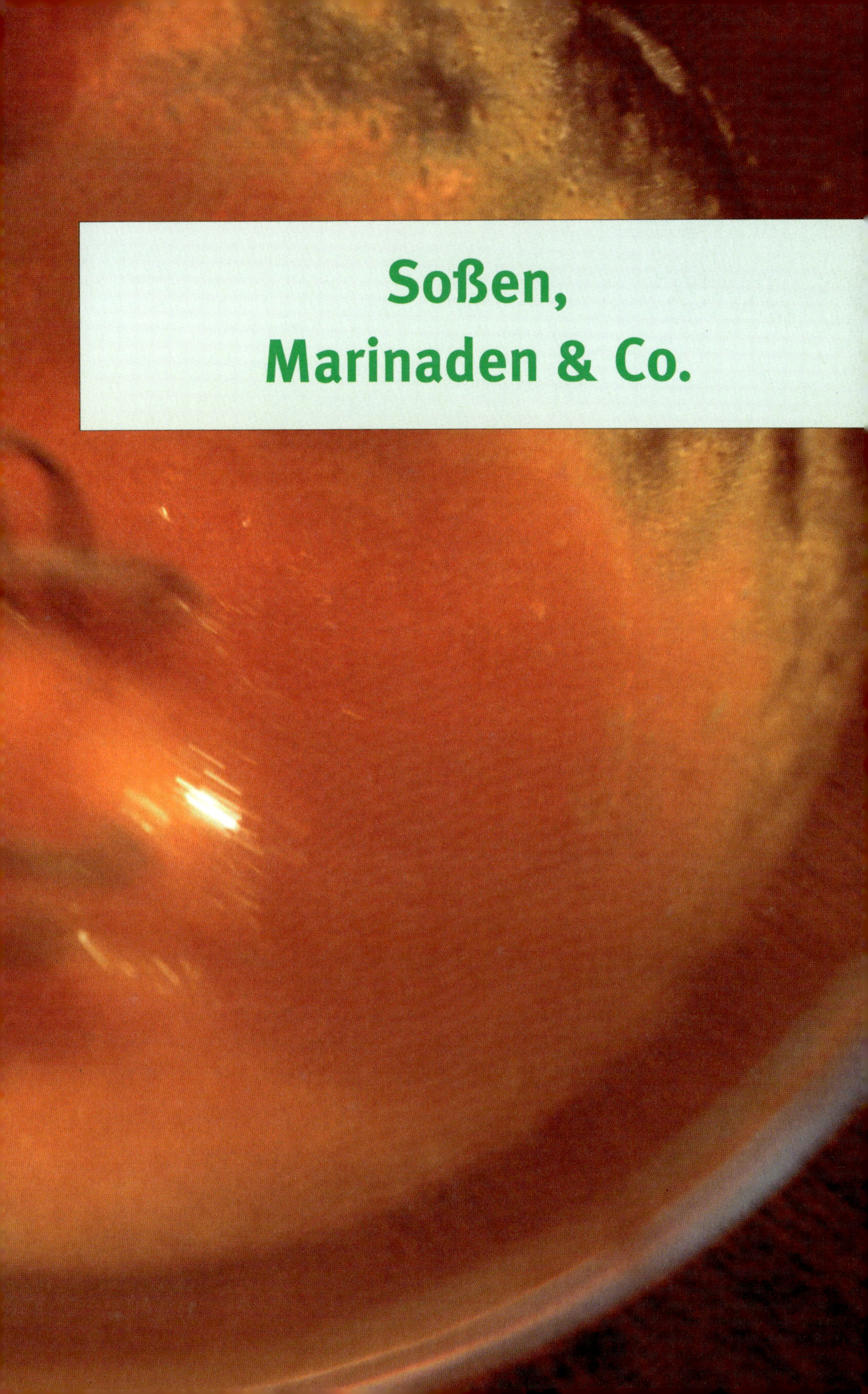

Helle Soße

2 Portionen:

40 g	*Butter*
1 ¹/₂ EL	*Maisstärke oder Kartoffelmehl*
¹/₈ l	*heiße Fleisch- oder Gemüsebrühe*¹*
¹/₈ l	*heiße Milch*
	Salz, Pfeffer, Muskat

● Butter in einem Topf schmelzen lassen. Die Stärke mit der Butter verrühren und leicht anschwitzen, ohne zu bräunen.

● Brühe und Milch mischen und damit die „Mehlschwitze" ablöschen. Dabei mit dem Schneebesen kräftig rühren, damit die Soße glatt wird. Die Soße mit Salz, Pfeffer und Muskat abschmecken.

Nährwerte pro Portion: 4 g EW, 19 g F, 9 g KH, 222 kcal/928 kJ

Dunkle Soße

2 Portionen:

● Entweder die helle Soße (siehe oben) mit Zuckercoleur färben (Achtung: Eine sehr kleine Menge färbt bereits intensiv dunkelbraun!) oder bei Fleischgerichten wie folgt vorgehen:

○ Bratenfleisch oder Gulasch in heißem Öl oder Bratenfett kräftig anbraten. Zwiebeln und klein gewürfelte Möhren zugeben. Nach Belieben 1 EL Tomatenmark zufügen. Wenn sich am Bräterboden ein brauner Belag gebildet hat, kaltes Wasser angießen. Fleisch schmoren lassen, immer wieder Wasser angießen.

○ Ist das Fleisch gegart, herausnehmen und den Fond durch ein Haarsieb streichen. Wieder in den Brattopf geben, mit etwas Wasser auffüllen und aufkochen lassen. Pikant abschmecken (Salz, Pfeffer, Paprika, evtl. Cayennepfeffer und Kräuter). 1 TL Speisestärke in kaltem Wasser auflösen und in die kochende Soße geben.

Fruchtige Tomatensoße

4 Portionen:

500 g	Tomaten
1 kleine	Zwiebel
2	Knoblauchzehen
1 EL	Olivenöl
1	Lorbeerblatt
1 TL	Oregano
	Salz, schwarzer Pfeffer

● Die Tomaten häuten, entkernen und grob hacken. Zwiebel und Knoblauchzehen schälen und sehr fein hacken. In Olivenöl andünsten. Die Tomaten zugeben, Lorbeerblatt und Oregano zufügen. Mit Salz und Pfeffer abschmecken und ca. 45 Minuten köcheln lassen.

● Zuletzt das Lorbeerblatt entfernen und die Soße nochmals pikant abschmecken. Evtl. mit etwas Zucker abrunden.

Nährwerte pro Portion: 2 g EW, 3 g F, 5 g KH, 51 kcal/213 kJ

Salatsoße

4 Portionen:

3–5 EL	Pflanzenöl
2–3 EL	Wasser, Brühe oder Mineralwasser
1–2 EL	Essig oder Zitronensaft
2 TL	gehackte Kräuter
	Salz, Pfeffer, Zucker (Süßstoff)
	evtl. etwas Knoblauch oder fein geriebene Zwiebel
1/2 TL	Senf
1–2 EL	Sahne oder Joghurt

● Alle Zutaten gut miteinander verrühren. Die Soße nach Belieben abschmecken und mit Sahne oder Joghurt verfeinern.

Mayonnaise Vollfett

10 Portionen:

1	Eigelb
$\frac{1}{2}$ TL	Salz
1 TL	Senf
1 TL	Zucker
1 EL	Essig oder Zitronensaft
$\frac{1}{4}$ l	Öl

● Das Eigelb mit Salz, Senf, Zucker und Essig verrühren (Handrühr-gerät/Quirl).

● Auf höchster Stufe weiterrühren und zunächst tropfenweise, später langsam fließend Öl einrühren. Wird das Öl zu schnell zugegeben, gerinnt die Mayonnaise.

● Das Rezept ergibt ca. 300 g Mayonnaise, die sich auch zum Füllen und Garnieren spritzen lässt. Für Salate wird die Mayonnaise mit etwas Kondensmilch oder Brühe verdünnt.

Bei Laktose-Intoleranz geeignet

Tipp Durch Zugabe von Tomatenmark oder fri-schen, fein gehackten Kräutern variieren.

Nährwerte pro Portion à 30 g: 0,4 g EW, 26 g F, 0,5 g KH, 238 kcal/996 kJ

Mayonnaise Halbfett

10 Portionen:

$\frac{1}{8}$ l	Wasser
15 g	Maisstärke
1	Ei
1 TL	Senf
	Salz, Zucker, Zitronensaft
$\frac{1}{8}$ l	Pflanzenöl

● Wasser kalt mit der Stärke verrühren und unter Rühren aufkochen lassen. Den Stärkebrei abkühlen.

● Ei mit Senf und den Gewürzen verrühren und sehr langsam mit dem Handrührgerät/Quirl das Pflanzenöl unterschlagen. Zu schnelles Einrühren lässt die Mayonnaise gerinnen. Zuletzt den Stärkebrei esslöffelweise zufügen.

Bei Laktose-Intoleranz geeignet

Nährwerte pro Portion: 0,7 g EW, 12 g F, 2 g KH, 118 kcal/495 kJ

Remoulade

Ca 15 Portionen:

1	*Rezept Mayonnaise vollfett*
$^1/_2$	*geriebene Zwiebel*
1 EL	*fein gehackte Kapern*
1	*fein gewürfelte Gewürzgurke*
1	*gekochtes Ei, fein gewürfelt*
1 EL	*gehackte Kräuter (frisch oder tiefgekühlt)*
1 EL	*Kondensmilch*

● Die Mayonnaise nach Rezept herstellen und mit den übrigen Zutaten verrühren. Nach Belieben mit der Kondensmilch oder auch Brühe verdünnen.

● Die Zutaten können auch mit dem Passierstab fein püriert werden, damit die Remoulade zum Garnieren spritzfähig ist.

Bei Laktose-Intoleranz geeignet, wenn zum Verdünnen Brühe verwendet wird

Nährwerte pro Portion à 30 g: 1 g EW, 17 g F, 0,3 g KH, 158 kcal/660 kJ

Tomatenketchup

16 Portionen:

100 g	Zwiebeln
500 g	reife Tomaten
1 EL	Pflanzenöl
1 TL	Salz
$^1/_2$ TL	Pfeffer
1 Msp.	Zimt
1 Prise	Nelkenpulver
1 Prise	Cayennepfeffer
2 EL	Zucker
2 EL	Obstessig
1 EL	Tomatenmark

● Die Zwiebeln schälen, halbieren und in dünne Scheiben schneiden. Die Tomaten waschen und in kleine Stücke schneiden.

● Öl erhitzen und die Zwiebeln darin glasig andünsten. Die Tomatenstücke zugeben und ca. 20 Minuten mitdünsten. Die Masse pürieren oder durch ein feines Sieb streichen und in den Topf zurückgeben.

● Die Gewürze und das Tomatenmark zufügen und das Ketchup unter ständigem Rühren noch mindestens 15 Minuten einkochen lassen.

● Das Ketchup heiß in eine $^1/_2$-l-Flasche füllen und verschließen. Nach dem Auskühlen im Kühlschrank lagern.

Bei Laktose-Intoleranz geeignet

Tipp Zur Herstellung von Ketchup ist ein Thermo-Mix-Gerät besonders geeignet, da hier in einem Arbeitsgang zerkleinert, gerührt und erhitzt wird.

Nährwerte pro Portion à 30 g: 0,4 g EW, 0,7 g F, 2 g KH, 17 kcal/73 kJ

Grill-Gewürz-Marinade

3–4 EL	Pflanzenöl
$^1/_2$ TL	Salz
	Pfeffer
$^1/_2$	gehackte Zwiebel
1	Lorbeerblatt
1 TL	gehackte Petersilie
	Thymian
1 TL	Tomatenmark

● Alle Zutaten mit einem kleinen Schneebesen miteinander vermischen und gut durchrühren.

● Das Grillfleisch mit der Marinade bestreichen und mindestens 1 Stunde ziehen lassen.

Sauerbratenmarinade

$^1/_4$ l	Essig
$^3/_8$ l	Wasser
2	Nelken
1	Lorbeerblatt
3–4	Senfkörner
3–4	Wacholderbeeren
1 kleine	Mohrrübe
1 Stange	Lauch
	Salz

● Die Zutaten für die Marinade in einem Topf zusammen aufkochen und wieder abkühlen lassen.

● Bratenfleisch (bis 1 kg) in die Marinade einlegen und 2–3 Tage im Kühlschrank stehen lassen. Die Marinade später durch ein Sieb gießen und zum Auffüllen der Bratensoße verwenden.

Öl-Kräuter-Marinade

3–4 EL	*Pflanzenöl*
	gehackte Kräuter nach Belieben (z. B. Dill, Estragon, Zitronen melisse, Zwiebel)

● Öl mit Kräutern vermischen und darin Fleisch oder noch besser Fisch 1–2 Stunden marinieren.

Desserts

Vanillepudding

4 Portionen:

$^1/_2$ l	Milch
40 g	Zucker
1 TL	Butter
1 Prise	Salz
$^1/_2$ TL	gemahlene Vanille*3
40 g	Maisstärke
2–4 EL	kalte Milch
1	Eigelb
1	Eiklar

- Milch mit Zucker, Butter, Salz und Vanillepulver zum Kochen bringen.

- Stärke mit Milch und dem Eigelb anrühren und in die kochende Milch einrühren. Ca. $^1/_2$ Minute weiterkochen lassen, dabei ständig umrühren.

- Das Eiklar zu festem Schnee schlagen und zuletzt unter den heißen Vanillepudding ziehen.

Tipp

Soll der Pudding sturzfest sein, 50 g Stärke verwenden.

Nährwerte pro Portion: 5 g EW, 6 g F, 22 g KH, 165 kcal/690 kJ

Schokoladen-Flammeri

4 Portionen:

¹/₂ l	Milch
50 g	Zartbitter-Schokolade
1 TL	Kaffeepulver
50 g	Zucker
¹/₄ TL	gemahlene Vanille*₃
40 g	Maisstärke
2 EL	kalte Milch

● Milch mit Schokolade, Kaffeepulver, Zucker und Vanille erhitzen, bis die Schokolade geschmolzen ist. Dann aufkochen lassen.

● Stärke mit der kalten Milch anrühren und in die kochende Schokoladenmilch einrühren. Den Pudding unter Rühren noch 1–2 Minuten weiterkochen lassen.

● Pudding in eine kalt ausgespülte Glasform füllen. Den kalten Flammeri nach Belieben z. B. mit Sahnetupfen oder Kokosraspeln garnieren.

Tipp

Die Schokoladenmilch mit 2 Tropfen Bittermandelöl würzen und zuletzt unter den Pudding 3–4 EL angeröstete gehackte Mandelstücke rühren.

Nährwerte pro Portion: 5 g EW, 8 g F, 30 g KH, 206 kcal/859 kJ

Russische Weincreme

6 Portionen:

3	*Eigelb*
200 g	*Zucker*
	Schale einer Zitrone oder Orange
4 EL	*Apfelsinensaft*
2 EL	*Zitronensaft*
$^1/_4$ l	*Weißwein*
2–4 EL	*Rum*
8 Blatt	*weiße Gelatine*
3	*Eiklar*
$^1/_4$ l	*Schlagsahne*

- Eigelb und Zucker weißschaumig schlagen. Geriebene Schale, Saft und Wein zufügen, mit Rum abschmecken.

- Gelatine in kaltem Wasser einweichen und dann ausdrücken. In einem kleinen Topf bei schwacher Hitze klar zerlaufen lassen.

- Zunächst zur Temperaturangleichung etwas Weinmasse zur Gelatine rühren, dann die Gelatinemasse in die ganze Weincreme einrühren. Die Rührschüssel kalt stellen.

- Das Eiklar zu festem Schnee aufschlagen. Die Sahne steif schlagen.

- Beides unter die Weincreme ziehen, wenn diese so weit fest geworden ist, dass ein durchgezogener Löffel Spuren hinterlässt. Creme in Portionsschälchen füllen und bis zum Verzehr kalt stellen.

Nährwerte pro Portion: 6 g EW, 16 g F, 36 g KH, 352 kcal/1470 kJ

Sahne-Vanille-Eis

12 Portionen:

$^1/_4$ l	Milch
$^1/_2$ TL	gemahlene Vanille*3
75 g	Zucker
2	Eigelb
$^1/_4$ l	Schlagsahne

- Milch mit Vanillepulver und Zucker aufkochen.
- Das Eigelb schlagen und unter Rühren die heiße Milch zugießen. Vollständig (am besten über Nacht im Kühlschrank) erkalten lassen.
- Die Sahne steif schlagen und mit der kalten Eiermilch mischen. In einer kleinen Aluschüssel mit Deckel einfrieren. Dabei mehrmals (ca. jede Stunde einmal) gründlich umrühren, damit sich keine zu großen Eiskristalle bilden.

Nährwerte pro Portion à 50 g: 2 g EW, 8 g F, 8 g KH, 107 kcal/447 kJ

Sahne-Schokoladen-Eis

14 Portionen:

1	Rezept Sahne-Vanille-Eis
80 g	Schokolade
1 TL	Kakao
	Zucker nach Geschmack

- Die Schokolade in der Milch mit aufkochen.
- Das Eis nach Grundrezept zubereiten und in die Schoko-Eiermilch den Kakao und noch Zucker nach Geschmack einrühren.

Nährwerte pro Portion: 2 g EW, 8 g F, 8 g KH, 107 kcal/447 kJ

Reines Sahne-Frucht-Eis

14 Portionen:

1/2 l	Schlagsahne
60–80 g	Zucker
1 Prise	Vanillezucker
200 g	Fruchtmark

● Die gut gekühlte Sahne steif schlagen. Zwischendurch Zucker und Vanillezucker zusetzen. Das Fruchtmark unter die geschlagene Sahne mischen.

● Die Fruchtsahne in einer Aluschale mit Deckel einfrieren und zwischendurch mehrmals umrühren.

Tipp

Nur aus Sahne bereitetes Eis bezeichnet man als Halbgefrorenes. Es ist in ca. 3 Stunden fertig, während Eis aus gekochter Masse länger zum Einfrieren braucht.

Nährwerte pro Portion à 50 g: 1 g EW, 10 g F, 7 g KH, 124 kcal/517 kJ

Ambrosia-Creme

4 Portionen:

¹/₂ l	Joghurt
125 g	Zucker
1 Prise	Vanillezucker
1 cl	Rum oder Apfelsinensaft
6 Blatt	Gelatine weiß
1 Blatt	Gelatine rot
2 EL	Wasser

- Joghurt und Zucker mit Vanillezucker schaumig schlagen. Den Rum zusetzen.

- Die Gelatine in heißem Wasser auflösen und der Joghurtmasse unter ständigem Rühren zusetzen.

- Die Creme portionieren und kühl stellen. Nach dem Erstarren nach Belieben mit Rumfrüchten und Mini-Makronen garnieren.

Nährwerte pro Portion: 7 g EW, 4 g F, 36 g KH, 229 kcal/957 kJ

Die Deutsche Zöliakie-Gesellschaft

Mit der Zöliakie zu leben, ist manchmal leichter gesagt als getan – vor allem wenn man glaubt, der Einzige zu sein mit dieser noch unbekannten Erkrankung. Dieser Meinung waren auch zwei Elternpaare mit je einem zöliakiekranken Kind in den Siebzigerjahren. Sie hatten die Idee einer Selbsthilfe-Vereinigung und sie ließen es nicht bei der Idee:

Am 29. Oktober 1974 wurde in Stuttgart die Deutsche Zöliakie-Gesellschaft e. V. gegründet. Der Verein hat das Ziel, Zöliakie- und Sprue-Betroffenen zu helfen. Laut Satzung umfasst diese Hilfe

● Vertretung der Anliegen der Betroffenen in der Öffentlichkeit

● Erfahrungs-Austausch der Mitglieder untereinander

● Herausgabe einer Rezeptsammlung glutenfreier Backwaren und Gerichte

● Herausgabe einer Aufstellung glutenfreier Lebens- und Arzneimittel

● Gewinnung von Vertragsfirmen für Produktion oder Vertrieb von glutenfreien Lebensmitteln

● Information der Ärzteschaft

● Anregung und Unterstützung von Wissenschaft und Forschung.

Zur Erfüllung ihrer Zielsetzung gibt die DZG auch eine Reihe von Informationschriften heraus, z. B.: Die „DZG medizin" mit den Abschnitten „Die Zöliakie" von Prof. H. K. Harms und „Sprue – Zöliakie des Erwachsenen" von Prof. W. F. Caspary ist eine gut verständliche, zusammenfassende Beschreibung des Krankheitsbildes Zöliakie.

Aufstellung glutenfreier Lebensmittel

Diese Aufstellung ist eine Positiv-Liste von Lebensmitteln, die nach Rücksprache mit der Lebensmittelindustrie aufgrund ihrer Zusammensetzung glutenfrei sind. Hier finden sich ganz normale Fertigprodukte neben speziell glutenfreien diätetischen Produkten.Etwa 300 Lebensmittelbetriebe geben jedes Jahr neue Auskunft und nennen die Produkte, die glutenfrei sind, mit ihrem Verkaufsnamen. Damit werden Verwechslungen mit ähnlichen Produkten ausgeschlossen. Die Gefahr unbewusster Diätfehler wird durch die Broschüre erheblich verringert. Leider ist aus den Zutatenlisten der Lebensmittel ja nicht immer ein Glutenzusatz oder die Verwendung von Weizenmehl erkennbar. Die Aufstellung glutenfreier Lebensmittel ist alphabetisch nach Firmennamen geordnet. So kann das gesuchte Produkt leicht gefunden werden, falls es glutenfrei ist. Die Broschüre enthält außerdem eine Bezugsquellen-Liste glutenfreier Speziallebensmittel. Sie informiert über die Zusammensetzung der glutenfreien Mehlmischungen, die zurzeit in Deutschland erhältlich sind. Die Aufstellung enthält weiterhin Tageskostpläne, um zu zeigen, wie abwechslungsreich glutenfreie Ernährung sein kann. Gesondert gekennzeichnet sind milchzuckerfreie Produkte sowie Lebensmittel, die unter Verwendung von Weizenstärke hergestellt wurden.

Aufstellung glutenfreier Arzneimittel

Nach dem gleichen Muster wie die Aufstellung glutenfreier Lebensmittel wurde eine Broschüre erstellt, die Medikamente umfasst. Da einige Tabletten, vor allem Dragees, mithilfe von Weizenmehl glasiert werden, kann auch die Einnahme eines solchen Medikamentes zu einem unbewussten Diätfehler werden. Die Aufstellung umfasst einige Hersteller von Arzneimitteln, die alphabetisch geordnet sind. Die verwendbaren, also glutenfreien Medikamente sind namentlich aufgeführt. Diese Broschüre ist eine besondere Hilfe für Ihren Arzt und sollte daher auch bei jedem Arztbesuch dabei sein.

Kur- und Ferienführer

Hier wurden Anschriften von Ferienhotels, Gasthäusern, Pensionen, Jugendherbergen und Sanatorien gesammelt. In den aufgeführten Häusern ist die glutenfreie Ernährung bekannt. Teilweise werden glutenfreie Backwaren zu den Mahlzeiten angeboten. Für Reisen ins Ausland wurde ein kurzer Erläuterungstext in viele Sprachen übersetzt. Bezugsquellen-Nachweise für glutenfreie Produkte im Ausland sind angegeben. Weiterhin sind die Anschriften der ausländischen Zöliakiegruppen aufgeführt. Für den Reiseweg sind Fluggesellschaften und Schiffsbetriebe aufgelistet, die eine glutenfreie Kost ermöglichen.

Rezeptsammlung

Seit Gründung der DZG wurden von den Mitgliedern erprobte Rezepte, insbesondere Backrezepte, zusammengetragen. 1986 erschien diese Rezeptsammlung erstmals in Loseblattform zum Abheften in ein handliches Ringbuch. Dazu wurden die gesammelten Rezepturen nochmals ausgetestet und in eine einheitliche Form gebracht. Die Rezepte sind mit genauen Arbeitsanweisungen versehen, sodass auch Back-Ungeübte gute Ergebnisse erhalten. Die Sammlung umfasst Rezepturen mit Verwendung von Fertigmischungen, aber auch solche, die mit Hirse-, Mais- oder Buchweizenmehl zubereitet werden. Sie enthält Hinweise zur Verarbeitung verschiedener Backtriebmittel und trägt viel dazu bei, das Backen mit glutenfreien Rohstoffen rasch und einfach zu erlernen. Die Rezeptsammlung wurde 1991 erneut überarbeitet und erweitert.

Die bisher aufgeführten Schriften der DZG sind zu einem Handbuch zusammengefasst. Das *Zöliakie-Handbuch* wird jedem Mitglied zur Verfügung gestellt und regelmäßig ergänzt.

Eine wichtige Ergänzung ist auch die Mitgliederzeitschrift *DZG-Aktuell*, die vierteljährlich erscheint. Mitglieder erhalten die *DZG-Aktuell* automatisch. Sie informiert über das Vereinsgeschehen, berichtet über Tagungen und öffentliche Veranstaltungen zum Thema Zöliakie. Die *Aktuell* enthält Beiträge von Ernährungsfachpersonen und Ärzten. Mitglieder der wissenschaftlichen Beiräte antworten auf Fragen. Der aktuelle Rechtsstand der Zöliakiebetroffenen wird abgeklärt und entsprechende Entscheidungen und Urteile werden abgedruckt. Regionale Kontaktgruppen berichten über Treffen, Backkurse u. ä. Außerdem werden Änderungen und Ergänzungen zu den bereits beschriebenen Aufstellungen bekannt gegeben. Es gibt neue Rezepte, eine Kinderseite usw.

Auch Ärzte, Diätassistenten und Krankenhäuser können die im Handbuch enthaltenen Informationsschriften beziehen. Dazu kann das gesamte Handbuch mit Ergänzungen zum Selbstkostenpreis per Abonnement bezogen werden. Eine weitere Möglichkeit besteht im Bezug einzelner Bestandteile des Handbuches. Ergänzungen und Änderungen sind hier jedoch ausgenommen. Weitere Drucksachen sind bei der Deutschen Zöliakie-Gesellschaft zu erfragen.

Struktur und Organisation der DZG

Ein sehr wichtiger Bestandteil der DZG zur Betreuung der Mitglieder sind die zahlreichen regionalen Gesprächsgruppen. Jedes Mitglied ist einer solchen Gruppe zugeteilt. Die Gruppen werden von ehrenamtlich tätigen Kontaktpersonen betreut. Es besteht die Möglichkeit zur Kontaktaufnahme der Mitglieder untereinander anhand von Adresslisten. Die Kontaktpersonen sind meist selbst Betroffene oder haben ein Familienmitglied mit Zöliakie. Sie sind oft der erste persönliche Ansprechpartner in der schlimmen Zeit nach der Diagnosestellung. Die meisten Kontaktpersonen sind gerne bereit, Auskunft und Rat zu geben, sei es persönlich oder auch telefonisch.

Darüber hinaus organisieren viele Kontaktpersonen Treffen der Regionalgruppen, Backkurse, Weihnachts- und Grillfeste usw. Mit viel

Engagement sind sie immer wieder bereit, die Zöliakie bekannter zu machen, den Umgang mit der Krankheit zu erleichtern.

Gut funktionierende Gesprächsgruppen sind die pulsierenden Zellen der Zöliakie-Gesellschaft. Ohne diese Gruppen wäre der Verein weitaus weniger lebendig und real. Die Kontaktpersonen werden von der Geschäftsstelle aus mit aktuellen Informationen versorgt. Es finden auch mehrtägigen Schulungen der Kontaktpersonen statt.

Die Zentrale der Deutschen Zöliakie-Gesellschaft ist die Geschäftsstelle. Sie besteht aus mehreren Büroräumen. Hier arbeitet die Geschäftsstellen-Leiterin mit einigen fleißigen Helferinnen. Zu den Aufgaben der Geschäftsstelle gehört nicht zuletzt der Versand von Informationen, das Zusammentragen der aktuellen Aufstellungen glutenfreier Produkte, die Korrespondenz mit den Firmen, die Organisation verschiedenartiger Veranstaltungen usw. Anfragen jeglicher Art werden dort bearbeitet, beantwortet oder an die zuständige Adresse weitergeleitet. Die Angestellten der Geschäftsstelle sind die einzigen Personen, die ein Gehalt bei der DZG beziehen. Jedoch wäre der Verein ohne eine solche Schaltzentrale nicht mehr denkbar.

Der Vorstand der DZG besteht aus drei bis fünf ehrenamtlich tätigen Personen. Er führt die laufenden Geschäfte der Gesellschaft und trifft wichtige Einzelentscheidungen. Dem Vorstand untersteht die Geschäftsstelle. Die aktiven Vorstände opfern für die Sache der Zöliakiebetroffenen eine Reihe freier Wochenenden und sicher viele Freizeitstunden.

Der Mitgliederausschuss ist als „erweiterter Vorstand" anzusehen. Der Mitgliederausschuss besteht aus fünf bis sieben Personen. Er erarbeitet mit dem Vorstand gemeinsam die Rahmenrichtlinien für die Vereinsarbeit und genehmigt die Finanzplanung und die Jahresabrechnung für jedes Geschäftsjahr. Er ist auch an wichtigen Personalangelegenheiten beteiligt.

Weiterhin verfügt die DZG über einen medizinischen und einen wissenschaftlichen Beirat. Diese können vom Vorstand zu dessen fachlicher Beratung einberufen werden. Spezielle Fragen der Mitglieder werden auch an die Beiräte weitergeleitet und von diesen beantwortet. Der medizinische Beirat besteht zurzeit aus neun Ärzten, die sich auf Fragen der Zöliakie oder der Sprue spezialisiert haben.

Der wissenschaftliche Beirat ist insbesondere für Lebensmittelfragen, Analytik und ernährungswissenschaftliche Auskünfte zuständig.

Mithilfe der Beiräte ist die DZG als Laienorganisation doch immer auf dem aktuellen wissenschaftlichen Stand.

Der wichtigste Teil einer jeden Selbsthilfegruppe sind jedoch die einzelnen Mitglieder. Selbsthilfevereine werden gegründet unter dem Motto „Gemeinsam sind wir stärker". Was immer in einem Verein geschieht, ist letztlich abhängig von der Aktivität des Einzelnen. Helfen

Sie sich selbst und den anderen Betroffenen nicht nur dadurch, dass Sie die Mitgliederzahlen der DZG erhöhen. Werden Sie selbst aktiv!

Jede Mitarbeit zählt, und sei es nur ein winziger Beitrag für die *DZG-Aktuell* oder eine Hilfestellung für Ihre Kontaktperson bei der Organisation der nächsten Veranstaltung. Kennen Sie gute Rezepte? Wissen Sie eine neue Ferien-Anschrift? Dann werden Sie schnell aktiv und teilen Sie dies der Geschäftsstelle mit. Denn Selbsthilfe kommt von „selbst helfen". Die Geschäftsstelle, also das zentrale Büro der DZG, hat folgende Anschrift:

Deutsche Zöliakie-Gesellschaft e. V.
Filderhauptstr. 61
70599 Stuttgart
Tel.: 07 11/45 45 14, FAX: 07 11/4 56 78 17
E-Mail: DZG.e.v.@ t-online.de
http://home.t-online.de/home/DZG.e.F.

Adressenverzeichnis

Hersteller glutenfreier Lebensmittel

Drei Pauly Reform+Diät GmbH
Drei-Pauly-Weg 12
35083 Ebsdorfergrund
Tel. 0 64 24/30 30
Produkte: Brot, Brötchen, Mehlmischungen, Teigwaren, Gebäck, Cornflakes
Bezugsquelle: Neuform-Reformhäuser

GUTENA-Nahrungsmittel GmbH
Über dem Dieterstedter Bache 10
99510 Apolda
Tel. 0 36 44/5 62 08 89
Produkte: Mehlmischungen, Dauerbrot
Bezugsquelle: Versand

Hammermühle Diät GmbH
Postfach 1164
67485 Maikammer
Tel. 0 63 21/9 58 90
Produkte: Mehlmischungen, Backzutaten, Frisch- und Dauerbrote, Brötchen, Kuchen, Gebäcke, Teigwaren, Müsli und Cornflakes
Bezugsquelle: Versand und Direktverkauf

Hasiprin Prinz Backwaren
Driftenweg 26
32657 Lemgo-Kirchheide
Tel. 0 52 66/9 90 72
Produkte: Mehlmischungen, Kuchen, Brötchen
Bezugsquelle: Versand

Lifestyle Healthcare
Postfach 1002
22784 Hamburg
Tel. 0 40/35 71 40 75
Produkte: Frischbrot, Brötchen, Blätterteig-Backwaren süß und pikant,
Kuchen
Bezugsquelle: Versand

Minderleinsmühle Mühle Hubmann
91077 Neunkirchen
Tel. 0 91 26/2 96 10
Produkte: Mehlmischungen, Frisch- und Dauerbrote, Kuchen, Gebäck,
Müsli, Backzutaten, Nudeln, Trockenfrüchte
Bezugsquelle: Versand und Direktverkauf

SHS Gesellschaft für klinische Ernährung
Postfach 3061
74020 Heilbronn
Tel: 01 30/85 77 71
Produkte: Mehlmischungen, Malto dextrin 19, Maisstärke
Bezugsquelle: Apotheken, Reformhäuser, Versand

Spezialdiätbäckerei Poensgen
Nothberger Str. 68
52249 Eschweiler
Tel. 0 24 03/2 00 15
Produkte: Mehlmischungen, Frischbrote, Brötchen, Dauerbrote, Kuchen,
Gebäcke, Teigwaren,
Bezugsquelle: Versand und Direktverkauf

Dr. Schär GmbH
Winkelau 5
I-39014 Burgstall/Postal
Produkte: Haltbare Brote und Brötchen, Gebäcke, Mehlmischungen,
Teigwaren, Kuchen,
Bezugsquelle: Reformhäuser

Schnitzer GmbH
Feldbergstr. 11
78112 St. Georgen
Tel. 0 77 24/9 43 20
Produkte: Vollkornbrote, Gebäcke
Bezugsquelle: Reformhäuser, Versand über die Hammermühle

Sibylle-Diät GmbH
Hauptstr. 181
67485 Maikammer
Tel. 0 63 21/35 83 17
Produkte: Haltbare Brote, Mehlmischungen, Teigwaren, Gebäcke
Bezugsquelle: Neuform-Reformhäuser

Toseno GmbH
Am Neuländer Baggerteich 2
21079 Hamburg
Tel. 0 40/76 61 63 10
Produkte: Mehlmischungen, Backzutaten, Bindemittel, Maiskleie
Bezugsquelle: Versand

Wiechert & Co.
Alstertor 18
20095 Hamburg
Tel. 0 40/33 50 87
Produkte: Mehlmischungen, Müsli
Bezugsquelle: Versand

Union Deutscher Lebensmittelwerke
Postfach 10 15 09
20010 Hamburg
Produkte: „ceres"-MCT-Diätmargarine und -speiseöl
Bezugsquelle: Versand

Basis GmbH
Produkte: MCT-Basis-plus-Sortiment: Margarine, Öl, Streichwurst, -käse,
Schokostreichcreme
Bezugsquelle: Reformhäuser

Selbsthilfegruppen

Auch andere Gruppen außer der Deutschen Zöliakie-Gesellschaft e. V
können wertvolle Hilfe bieten. Vor allem dann, wenn weitere Begleiterkrankungen vorliegen oder sich die Diagnose Zöliakie letztlich nicht
bestätigt. Daher finden Sie hier eine Auswahl an Anschriften:

Allergiker- und Asthmatikerbund e. V
Hindenburgstr. 110
41061 Mönchengladbach
Tel. 0 21 61/18 30 24
Arbeitsgemeinschaft Allergiekrankes Kind
Hauptstr. 29
35745 Herborn
Tel. 02772/92870

Deutsche Gesellschaft zur Bekämpfung der Mucoviscidose e. V
Bendenweg 101
53121 Bonn
Tel. 02 28/66 10 26

Deutsche Morbus Crohn/Colitis ulcerosa-Vereinigung e. V
Paracelsusstr. 15
51375 Leverkusen
Tel. 02 14/7 59 57

Deutscher Diabetiker-Bund e. V
Danziger Weg 1
58511 Lüdenscheid
Tel. 0 23 51/98 91 53

Deutscher Neurodermitiker Bund e. V
Mozartstr. 11
22083 Hamburg
Tel. 0 40/23 07 44

Informationen über ortsansässige Selbsthilfe-Regionalgruppen finden
Sie im Telefonbuch unter den Stichworten KISS (Kontakt- und In-
formationsstelle Selbsthilfe) oder unter Gesundheits... (-treff, -zentrum
usw.). Oft hilft auch die Stadtverwaltung, entsprechende Stellen ausfin-
dig zu machen.

Register